超訳 霊界物語 2

出口王仁三郎の「身魂磨き」実践書

一人旅するスサノオの宣伝使たち

飯塚弘明

太陽出版

超訳　霊界物語 2

まえがき

昨年（二〇二三年）一月一日付で『超訳 霊界物語 ～出口王仁三郎《でぐちおにさぶろう》の「世界を言向け和《ことむやわ》す」指南書』を世に出させていただき、読者の方から大きな反響をいただいた。

『超訳 霊界物語』は世界で初めて、出口王仁三郎著『霊界物語』（全83冊）を一般向けにやさしく紹介した入門書である。また、『霊界物語』のテーマであり、日本建国の理念とも言うべき「言向け和す」を世に現わした、世界初の本でもある。

出版後、各地で『霊界物語』や「言向け和す」の勉強会を開かせていただいた。やはり二十一世紀のこれからの時代において必要とされるものだと、力強い手応えを感じている。

言向け和すという言葉はもともと古事記に出てくる言葉で、天孫降臨のときに天神が天孫に与えたミッションである。それは日本建国の精神とも言えるものだが、なぜか今日まであまり注目されてこなかった。

出口王仁三郎が書いた霊界物語は、おそらく日本建国以来初めて「言向け和す」を主題に据え、言向け和すとはどういうことなのか、どうすれば言向け和せるのかということに真剣に取り組んだ書物である。霊界物語は日本建国の使命を遂行するために書かれた書物だと言ってもよい。

その入門書である『超訳 霊界物語』は、実は当初から三部作として企画したものである。第2弾・第3弾が日の目を見るかどうかは読者の反響次第だったが、無事に第2弾を出すことができたのは読者の皆さんの応援のおかげである。熱く感謝の辞を申し上げる。

しかし、前著には反省点も多々ある。出口王仁三郎のことをご存知ない方のために王仁三郎の人生から紹介したので、霊界物語の紹介が全体の3分の2くらいになってしまった。今回は霊界物語のエピソードをたっぷり入れた（11篇）ので、読み応えがあると思う。

また、霊界物語の登場人物が多すぎて混乱するというご指摘を読者からいただいた。そこで今回は人物を必要最小限に削り、各エピソードの天地人（巻章、場所、人物）を最初に書いて、より読者が分かりやすく読めるように工夫をした。

霊界物語のテーマは「言向け和す」だが、同様に『超訳 霊界物語』も三部作を通して「言向け和す」がテーマである。そして本書『超訳 霊界物語2』では「宣伝使《せんでんし》」をサブテーマにしている。（ちなみに第3弾のサブテーマは「悪の御用」の予定である）

宣伝使とは霊界物語の主人公であるスサノオの教えを世界に宣《の》べ伝える使いのことだ。スサノオは三五教《あななのきょう》という霊的集団を導いており、その三五教の宣伝使がたくさん出てきて世界中を宣伝の旅に歩く。それは世界を愛善の苑（みろくの世）と化していく旅であるが、と同時に、宣伝使自身の身魂《みたま》磨きの旅でもある。

旅の途中で悪党に遭遇し、悪を言向け和すために四苦八苦しながら、だんだんと自分自身の霊性を向上発展させてゆく。神様からいろいろな過酷な試練を与えられ、大きく成長してゆくのだ。

その宣伝使の旅とは、私たちが生まれてから死ぬまでにさまざまな出来事に遭遇する、人生の旅路に他ならない。

宣伝使の旅と、私たちの人生を重ねて見たときに、時折襲いかかる苦しみや悲しみをどのように受け止めて、いかにして乗り越えていけばいいのかが指南されている。

ところで、人は誰でもが「宣伝使」なのではない。神を信じているだけでは「信者」である。神が目指す世界――みろくの世を創ろう、良い世の中を創っていこう、そう決意して動き出した人が、神の手足となる「宣伝使」なのである。

おそらく本書を手にしたあなたも、その一人なのではないだろうか？　世の中を良くするために何かしたいと思い、動き出したからこそ、この本を手にしたのではないだろうか？

本書はある意味で「実践編」とも言える。実際に私たちの人生という旅路に襲いかかる出来事をどのようにして受け止め、いかにして乗り越えていけばいいのか、宣伝使たちが遭遇する深遠微妙なエピソードを「超訳」で読みながら、楽しく学んでいきたいと思う。

飯塚弘明

目次

第2章 宣伝使は無抵抗主義で世界を言向け和す

第3章 宣伝使に襲いかかる熱く厳しい試練の風波

第4章 宣伝使は罪と執着心を解き放つ

付録　宣伝使の心得

凡例

●本書は出口王仁三郎著『霊界物語』を私なりに解釈した入門書である。霊界物語をそのまま引用した部分と、「超訳」の部分は体裁を変えて区別できるようにした。「超訳」とは、霊界物語の中の一つのまとまったエピソードを現代人に分かりやすいように〝翻訳〟して書いたものである。また引用部分も、旧仮名遣いを新仮名遣いに改めたり、句読点の位置を修正したりして、読みやすくしてある。

●前著『超訳 霊界物語 ~出口王仁三郎の「世界を言向け和す」指南書』は『超訳1』と記し、本書は『超訳2』と記した。

第1章

宣伝使は世界の終末を告げる予言者として誕生した

霊界物語で最初に宣伝使が登場するのは、5巻18章「宣伝使」である。

国祖隠退後の地球では天変地異が多発し、世の終末が迫って来ていた。そこでその予言と警告の役割を担ったのが「言触神《ことぶれのかみ》」とか「宣伝使神《せんでんししん》」と呼ばれる神々である。

これが宣伝使の始まりだ。

前著『超訳 霊界物語』（太陽出版刊、以下『超訳1』）では、霊界物語1～4巻の「国祖隠退」神話を紹介した。地上霊界の主宰神だった国祖・国常立尊《くにとこたちのみこと》が、邪神の陰謀によって地位を追われ、世界の艮《うしとら》（東北）の方角に隠退してしまう物語である。

それに続く5～6巻には、世界の終末「大洪水」の物語が書いてある。大地震と大洪水が五六七日間、連発し続け、ついには地球の地軸が傾いてしまう。この天変地異から世界の神々を救済するために、天教山《てんきょうざん》（神代《かみよ》の富士山）の神霊・木花姫命《このはなひめのみこと》によって「言触神」が任命され、世界各地に派遣された。

まずはじめに、本章ではこの大洪水の物語を読みながら、予言者としての宣伝使の活動を見ていこう。

国祖隠退後の地球に天変地異が勃発

国祖隠退の物語は『超訳1』に詳しく書いたが、おさらいとしてここで簡潔に紹介しておこう。

太古の神代は国祖・国常立尊（霊界物語では国治立命《くにはるたちのみこと》という名でも登場する）が地上霊界の主宰神として世界を統治していた。国常立尊とは地球を造った神霊である。まだ宇宙が泥海だったときに金色の竜体で泥海を泳ぎ回り、海と山を造っていった。

ただし、宇宙創造神とは異なる。キリスト教のゴッドやイスラム教のアラー、日本神話の天御中主神《あめのみなかぬしのかみ》に相応する神を「主神《スしん》」と呼ぶが、霊界物語では、頭に「大」が付く「大国常立尊」という神が主神である。

国常立尊はこの小宇宙における造物主であり、私たち人間の一番のご先祖さまである。

国祖はとても厳格で実直な性格だった。分かりやすく言えば、曲がったことは許さない、という性格なのだ。しかし、あまりにも厳格すぎるため、不平不満を持つ神々が出てきた。彼ら（邪神とか悪神《あくがみ》、曲津《まがつ》などと呼ばれる）は世界を自分の意のままに支配しようとたくらんだ。

そうして数々の陰謀を仕組んでいき、とうとう国常立尊を主宰神の地位から追放して、世界の艮の方角に押し込めてしまった。この大事件を「国祖隠退」と呼ぶ。

それ以降、地上は悪神が支配する暗黒の世の中となってしまった。

ちなみに国祖が隠退した艮というのは、私たちが住んでいるこの日本列島のことだ。

それから国祖は「艮の金神」とか「鬼門の金神」と呼ばれるようになり、逆に国祖こそが悪神・祟り神だとして人々から忌み嫌われる存在にされてしまった。

そして三千年とも三十五万年とも言われる長い長い歳月を経て、ついに天運循環し、明治二十五年(一八九二)旧正月に丹波の綾部で出口ナオ(大本開祖)に国常立尊が神懸り、「三千世界一度に開く梅の花、艮の金神の世になりたぞよ。須弥仙山《しゅみせんざん》に腰を掛け、鬼門の金神守るぞよ」という雄健びと共に、再び表に現われたのである。


国祖――地球の神霊を「追放してしまった」ということは、一体、どういうことなのか?

それはたとえば、人間が地球の神威を意識の外に追いやってしまったことを意味するのではないのだろうか。

すべての生命の源である、この地球の巨大なエネルギーに畏れをなした人間は、もう表に出てくるなと封印をしてしまった。それから地上をコンクリートで固め、人工的な環境の中で、もう神はいない、人間こそ神だと傍若無人に振る舞ってきたのである。

自然から人間が切り離された結果、人間界は大混乱だ。政治・経済はもちろんだが、アトピー・

花粉症・うつ病といった現代病で世の中、病人だらけになっている。一体、人類が自然と共に生きていた時代にアトピーや花粉症やうつ病なんてあったのだろうか?

混乱しているのは人間界だけでなく、自然界も同様だ。

本来、人間はこの大自然と一体となり、調和をとって共生していく存在だ。それが人間だけ勝手にこの地球共同体から離脱して、自分たちだけでコソコソと好き勝手なことをやり出したのだからバランスが崩れてしまう。

こうして国祖隠退後の地球には、天変地異が続出するようになったのだ。

四季は乱れ、気候は夏冬逆転した。妖気が天に漲《みなぎ》り、青葉は黒く、あるいは茶褐色となり、紅い花は黒く咲き、白い花は青く咲いた。霧が立ち込め、しだいに太陽は光を曇らし、月は見えなくなり、昼夜の区別さえつかなくなった。太陽が朧月夜のような光景である。

このような天地の異変の最中に、聖地エルサレムから天に向かって巨大な「天《あめ》の浮橋《うきはし》」が出現した。これが神々を世の大峠から救済する神器となる。

天空に懸かる黄金の「天の浮橋」

国祖隠退後の地球は、国常立尊に代わって盤古大神《ばんこだいじん》が主宰神の地位に就いていた。

霊界物語には二大邪神系として、太陽神界から中国北方に降臨した盤古大神・塩長彦《しおながひこ》の系統と、天王星から北米に降臨した大自在天《だいじざいてん》・大国彦《おおくにひこ》の系統が出てくる。

盤古大神も大自在天も悪の親玉なのだが、しかしその裏にもっと悪い奴がいる。それは盤古大神の部下の番頭格である八王大神《やつおうだいじん》・常世彦《とこよひこ》だ（国祖隠退後にウラル彦と改名）。

常世彦はボスの盤古大神をポスト国祖として擁立し、対立する大自在天と同盟して国祖を隠退に追い込んでいく。そんな常世彦の悪業を、盤古大神は「見ざる・聞かざる・言わざる」の三猿主義で対応していた。

盤古大神はもともと温厚な神であり、常世彦の神輿《みこし》に担がれて悪の頭領になっていたのである。要するに国祖隠退後は、名目上は盤古大神が地上神界の主宰神となったが、実質的には常世彦が世界を支配していたのだ。

世界を掌中に収めた常世彦は、二つの悪の系譜を裏で操る闇の帝王であるが、その統治の方法は圧政を敷いて人々から利益を搾り取るという方法ではなく、むしろ逆に気儘放埓《きままほういつ》な政治であった。

いい加減でデタラメな統治であったため、しだいに社会は乱れに乱れていった。

国祖が統治していた時代の世界首都を「地の高天原《たかあまはら》」とか「聖地エルサレム」と呼ぶ。エルサレムと言っても現在のイスラエルのエルサレムの位置ではなく、トルコのエルズルム（左図を参照）という町の辺りにあった。

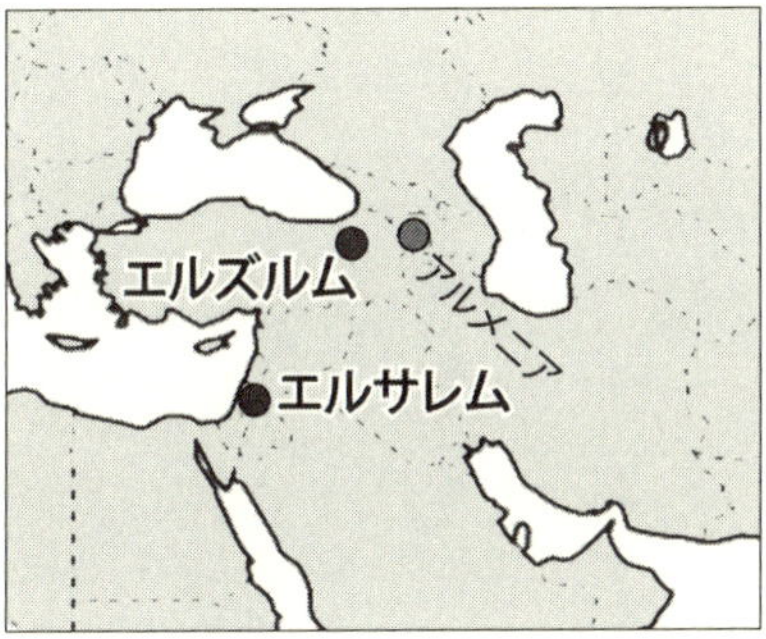

エルズルムの地図

また、世界政府のことを「竜宮城」と呼ぶ。この竜宮城に「三重《みえ》の金殿《きんでん》」と呼ばれる宮殿があり、そこには国祖神政の時代に「顕国《うつしくに》の御玉《みたま》」が納められていた。〔『超訳1』115頁参照〕

国祖神政から盤古神政に代わり、天地に異変が勃発するようになると、それに呼応するかのように、三重の金殿にも異変が起きた。鳴動と共に三重の金殿は天に向かってどんどん延びて雲にまで達し、その先端が左右に分かれると、黄金色の太い柱は今度は東西に延びていき、まるで天に黄金の橋を架け渡したかのような形に変わった。

突如として出現したこのT字形の黄金橋を「天《あめ》の浮橋《うきはし》」と呼ぶ。〔『霊界物語』5巻10章「奇々怪々」、同23章「神の御綱」、同

24章「天の浮橋」、以下 巻章および章タイトルのみを表記」

この金の橋は、次に東から南、西、北へとゆっくりと回転し始めた。そのうちに橋の先端から、とても美しい金色の光がまるで花火のように地上に向かって放射し出した。

天空に懸かる巨大な金の橋が、地上に光を発しながら回転している光景を思い浮かべてみて欲しい。

よく宇宙人の襲来をテーマにした映画で、巨大な母船が空に現われ、光を地上に放射しているシーンが出てくるが、ちょうどあのような感じなのかも知れない。もし私がそういう光景を目撃したら、日常を超えた壮大な超常現象に一つの時代の終わりを感じるが、皆さんは何を感じるだろうか?

正しい神々を空中に引き上げる「救いの鈎」

天の浮橋の橋桁《はしげた》の各所から細い金色の「霊線」が地面に向かって糸柳のように何本も垂れ下がっていた。その霊線の先端には、金、銀、銅、鉄、鉛などのカギ（鈎）が付いている。これを「神の御綱《みつな》」と言い、「救いの鈎《かぎ》」とも言う。

このカギで、額に「神」という文字が付いた神人《しんじん》（注1）たちを釣り上げて、橋桁の上にあげていった。その「神」マークを付けていったのが、言触神《ことぶれのかみ》たちである。

5巻18章「宣伝使」に、正しい神々が天教山に招集され、「言触神」に任命されて世界各地に旅立つ場面が出てくる。

天教山というのは太古の富士山のことだ。標高は何と一万八千メートル（六万尺）、現代のエベレストの2倍もあった。裾野も広く、東は千葉・茨城、北は新潟・富山、西は福井・滋賀、南もずっと長く太平洋まで裾野を引いていた。それが大地震によって陥落してしまい、八合目以上が残ったものが現代の富士山である。［37巻1章「富士山」］

この中腹にある青木ケ原は当時、世界最大の高地だった。そこに神々が招集されたのだ。集まった神々は初代天使長兼宰相の大八洲彦命《おおやしまひこのみこと》をはじめ、国祖のもとで枢要な働きをした神人ばかりである。そしてそれらの神人は、野立彦命《のだちひこのみこと》の神勅を奉じて、天下の神人を覚醒させるために予言者となって世界各地へ派遣された。

野立彦命とは実は国祖のことである。国祖・国常立尊は、地の高天原を追放され、艮に隠退したあと、野立彦命という名前で天教山に現われたのだ。そして妻神の豊雲野尊《とよくもぬのみこと》は野立姫命《のだちひめのみこと》という名前でヒマラヤ山（のちに地教山《ちきょうざん》と改称）に現われた。隠退したとは言っても、活動をすべて停止したわけではなく、世界を陰から守護することにしたのである。

野立彦命は、世界の大峠が訪れることを地上の神人に告げ諭し、大難から免れさせようとして宣伝使神《せんでんししん》（言触神）を任命し、地上の各地に派遣した。これが神代における神教宣伝の始まりである。

その野立彦命には予言の言葉があった。

『三千世界一度に開く梅の花、月日と土の恩を知れ、心一つの救いの神ぞ、天教山に現われる』

言触神たちはこの神言《かみごと》を唱えながら、あるいはまた童謡や演芸、音楽などに言寄《ことよ》せて、苦慮しながらひそかに国祖の予言警告を宣伝していった。

しかし邪霊に犯されてしまった神人らは、この予言を軽視した。酒席で歌う流行歌としてしか思わなかった。その歌を口ずさみながらも、その警告の真意を研究し、日月の神恩に感謝し、身魂《みたま》を磨こうとする者は千人のうち一人もいなかった。

言触神たちは世界各地を歩き回った。山も野も都会も田舎も問わず、雨の日も風の日も、心身を惜しまずに、野立彦命の予言警告を宣伝し続けた。そしてその宣伝に喜んで、日月の洪恩に感謝し、正道に立ち返る神人には、その額に「神」の字の記号を付けた。

だがそれを付けられた者も、付けられていない反抗者も、その事実に気づく者は一柱もいなかった。

聖地エルサレムでは常世彦の悪政の結果、天地の神明を怒らせ、怪異が続出して変災がしきりに勃発した。その恐怖に耐えられなくなった常世彦は、部下たちと共に聖地エルサレムを逃げ出して、アーメニヤ（現代のアルメニア）へ遷都してしまった。（本書19頁「エルズルム」の図参照）

その後、竜宮城が火事で焼失すると、三重の金殿は空に向かってグングン延びて、大空にT字形の巨大な金色の橋が現われた。先述した「天の浮橋」である。

大空に出現した金色の大橋が回転し、橋の各所から金色の霊線が放射されているのを見て、地上の神人は、この状況を天地大変動の神の警告として受け止めた。しだいに不安や恐怖の念に駆られると、こぞって天に向かって救いを求めるように合掌跪拝《きはい》した。

しかし月日が経つにつれ、だんだん慣れてくると、この異常な現象を何ら怪しむことなく、普通の自然現象として捉えるようになり、再び神を無視する傾向が生じてきた。

一方、言触神たちは昼夜となく予言警告を天下に宣伝していたが、ウラル彦（常世彦の改名）の体主霊従《われよし》的な宣伝歌に、数多の神人らが誑惑《きょうわく》されていた。

「呑めよ騒げよ一寸先や暗《やみ》よ　暗の後には月が出る
時鳥《ほととぎす》声は聞けども姿は見せぬ　姿見せぬは魔か鬼か」

天の浮橋

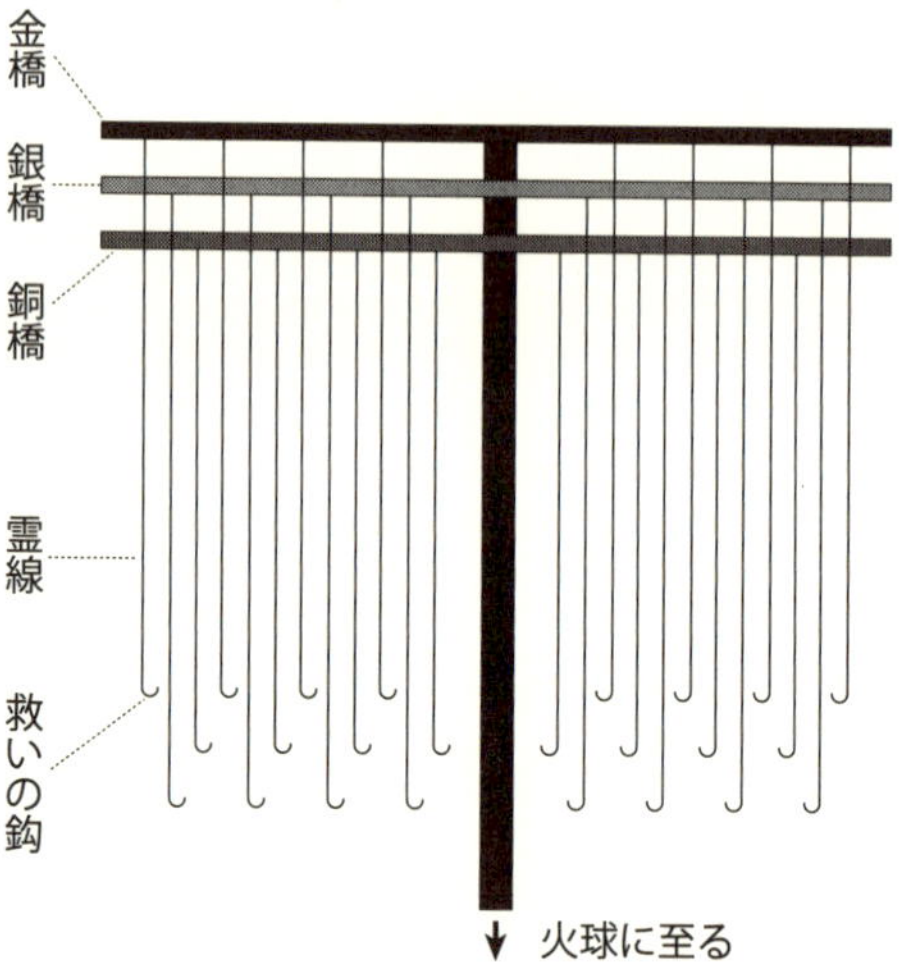

天の浮橋の断面図

至るところで神人らは、このウラル彦の宣伝歌を盛んに歌った。だんだんと酒色と色情の欲に駆られて、暴飲暴食、淫乱に耽《ふけ》るようになった。

そんななか、言触神によって頭部に「神」の記号を付けられた神人が、天の浮橋から垂れ下がる霊線の先端の「救いの鈎」に引っ掛けられ、空に引き揚げられていく。その数が日に数十柱にもなったが、八百万《やおよろず》の神人の中でわずか数十では、大海の一滴である。

この金の橋の上に引き揚げられたのは「上《じょう》の身魂《みたま》」の神人だった。

すると次に金色の橋のすぐ下側に、第二の橋が現われた。今度は銀色の橋だ。やはり各所から銀色の霊線が地上に向かって垂れており、先端の鈎で「中《ちゅう》の身魂」の神人を引き揚げていく。

そしてそのさらに下側に第三の銅色の橋も現われて、銅色の霊線で「下《げ》の身魂」の神人を引き揚げていった。

しかし引き揚げられる途中で地面に落下する神人もあった。

この天の浮橋は、地球の中心にある「火球《かきゅう》」〔4巻46章「神示の宇宙（一）」参照〕から延びている。上空でT字形に分かれているが、その左側の橋は男神が渡る橋であり、右側の橋は女神が渡る橋である。橋の上はとても滑らかで、少し油断すると足を滑らせて地面に転落してしまう。また東南西北に回転しているため、その旋回の震動で、橋の上の神人はややもすれば跳ね飛ばされてしまう。あるいは暴風が吹いて橋の上の神人を吹き落とすこともある。橋と言っても欄干もない、丸木橋も同然の渡ることの難しい橋だ。しかしこの橋を渡らねば、神の柱（神柱）となることはできない。

橋はゆっくりと回転し、天教山や地教山（ヒマラヤ山）、その他数カ所の高山の頂きに神人を下ろしていった。

（注1） 神人《しんじん》……この時代の神々は「神」でも「人」でもなく「神人」と呼ばれている。「人」が誕生したのは大洪水後のことである。

多芸多能な宣伝使たち

金橋を無事に渡り終えた神人《しんじん》は、天教山に足を下ろした。

天教山の神霊・木花姫命《このはなひめのみこと》は彼らに天眼鏡《てんがんきょう》と被面布《ひめんぷ》を手渡した。天眼鏡とは万物を見透すことができるような望遠鏡である。1巻で上田喜三郎《きさぶろう》（王仁三郎の幼名）はこの天眼鏡を使って天地の剖判《ぼうはん》を目撃している。

また、被面布というのは文字通り、顔を覆う布である。紫、青、赤、白、黄、黒などいろいろな色がある。自分の顔を隠す役目もするし、天界旅行の際には、上位の天界に行くほど光（智慧証覚）が強くなり、まぶしくて何も見えなくなるので、この被面布を被ることで遮光の働きをする。被面布は宣伝使の必須アイテムである。

木花姫命は、「汝《なんじ》らが神言《かみごと》を伝えようとするときは、必ずこの被面布を用いたまえ」と言って被面布を神人それぞれに手渡した。

このとき天教山は鳴動し始めた。物凄い音響が時々刻々に激しくなってくる。木花姫命は神人らに向かい、容《かたち》を改め、言葉厳《おごそ》かに宣示した。

「もはや野立彦命《のだちひこのみこと》の神教を宣伝すべき神人は、黄金橋の最も困難な修業を終えて難関を渡りきったので、再び邪神に誑惑されることはない。今や当山の鳴動は刻々に激しくなっている。これは火球の世界から国祖の大神の神霊がここに現われて、三千世界一度に開く梅の花、開いて散って実を結び、スの種を世界に間配《まくば》る瑞祥の表徴である。われはこれより中腹の青木ケ原に移る。諸神はこれからヒマラヤ山（のちの地教山）に集まって、野立姫命の神教を拝受し、霊魂に洗練を加えて完全無欠の宣伝使となり、地上の世界を救済せよ」

さすがに常に上品で美しく優しい木花姫命にも、このときばかりは、りりしく勇ましい威厳が備わっていた。諸神は思わずその威に打たれて地につまづき、感涙に咽《むせ》んだ。

このように天教山では、野立彦命に代わって木花姫命がその神慮を伝えたのだが、一方ヒマラヤ山では、野立姫命の代わりに高照姫神《たかてるひめのかみ》（第二代天使長）が応対した。

高照姫神は太い竹を割ったその内側に、

「朝日は照るとも曇るとも　月は盈《み》つとも虧《か》くるとも
大地は泥に浸るとも　誠の力は世を救う
誠の力は世を救う」

と書いたものを、一柱ずつに手渡した。

すると神人らは、垂訓《すいくん》を記したその大竹の片割れを背中にしっかりとくくりつけて、これから方々に宣伝の旅に出ることとなった。

こうして各自変装して、地上の各地に手分けして散っていったのである。

言触神《ことぶれのかみ》に任命された神人はみな、多芸多能で、六芸《りくげい》に通達していた神人ばかりだった。そして一身を神に捧げて、衆生救済の天職に喜んで従事したのである。


ところで、「言触《ことぶ》れ」（あるいは「事触れ」）という語の意味は、「事を世間に言い触らして歩くこと」（『広辞苑』）である。民俗学などを学んだ方は「鹿島の言触れ」というのを聞いたことがあるかも知れない。

その昔、鹿島神宮（茨城県鹿嶋市）の神官が神託を告げるため、銅拍子を鳴らして全国を触れ回った。それを「鹿島の言触れ」と呼ぶ。「鹿島踊り」や「弥勒踊り」と呼ばれている民族舞踊は、鹿島の言触れがルーツの一つであると言われている。

現代の企業の宣伝でもそうだが、単に新製品の発売を告知したり、商品の効能を書き並べるだけでは、耳を貸す者はあまりいない。興味を引くための「何か」が必要である。

そのために、歌や踊りといった芸能によって人目を引かせる場合がある。ちんどん屋がいい例だ。テレビＣＭでも派手なミュージックを流したり、奇抜な衣装でタレントを登場させたり、あの手この手で視聴者の興味を引かせようとする。

それは神教宣伝でも同じことである。霊界物語の言触神たちも、歌舞音曲に乗せて国祖の予言と警告を宣伝した。

どんなに良い話でも、最初から堅苦しい話に興味を持つ者はあまりいない。歌や踊りで人を集めて教えを説いたり、あるいはまた歌や踊り自体に神教を託して伝えていったのである。

歌舞音曲に限らず、他の技能に優れた者もいた。言触神、つまり宣伝使たちは六芸《りくげい》に通達していたが、六芸とは古代中国で身分の高い者の必修科目だった六つの技芸のことである。

礼──礼節（倫理道徳）
楽──音楽
射──弓術
御──馬術
書──文学
数──数学

つまり、各自それぞれ得意な専門技術を持ち、それを通して世界の救済のために活動したのだ。

実際、古代日本の僧侶にもそのような人たちがいる。法相宗《ほっそうしゅう》の道昭《どうしょう》（六二九～七〇〇年）や行基《ぎょうき》（六六八～七四九年）らは、布教しながら各地に土木工事や社会福祉事業を行っていった。治水や架橋、墾田、灌漑などの工事や、貧困者のための布施屋（一時救護施設）の設置などである。単に仏の教えを伝えるだけではなく、それを実践していったのだった。

およそ神仏の教えというものは、人々を幸福にして地上に楽園を創るためにある。ダイレクトに「心の中に天国を建てよ」と教えを唱えることも大切だが、口で説くばかりでなく、実際にそれを実践してみせることも大切だろう。要は自分が持っている技能で社会に貢献してゆく、ということである。

宣伝使の役目は、いかにも宗教の布教師のように神の教えをダイレクトに伝えるばかりではない。自分の得意分野・専門分野を通して、神が目指す理想世界を実現させていくこともまた、宣伝使の役目なのだ。

大峠は国祖の贖いによって救われた

宣伝使たちが世界各地に散ってから、今まで空を回転していた金銀銅の天《あめ》の浮橋《うきはし》の光はなぜか消え失せてしまった。そしてまた元の青空に戻り、夜空の星も燦然と輝くようになった。

そのとき、東北の空に十六個の大きく明るい星が一カ所に現われ、強く光り輝き出した。また南西の空にもやはり十六個の星が一カ所に現われた。地上の神人はこの異変を、五六七《みろく》神政の瑞祥と受け止めて祝ったり、あるいは大地震の前兆として畏怖したり、あるいは凶作の表徴と見なしたり、解釈はさまざまだった。

すると今度は空がいきなり墨を流したように暗黒となり、次には血を流したように真っ赤となり、あるいは灰色の空と変わり、黄色の空と変わり、時々刻々に雲の色が変化した。

暴風が吹いて樹木を倒し、岩石を飛ばし、熱い太陽が東西南北に現われて猛暑に見舞われたかと思えば、にわかに寒風が吹いて雹《ひょう》を降らし、雷鳴が轟き、火山は爆発し、地震、津波と天変地異のオンパレードであった。

地上の神人は不安に駆られ、「叶わぬ時の神頼み」とばかりに、今まで神を無視し、天地の恩を忘れていたにも関わらず、いっせいに救いを求め、天を仰いで合掌し、地に伏して歎願した。

このような天変地異が七十五日間続き、その間、神を畏れて救いを求める者もあれば、神を呪う者もいた。なかには自暴自棄となり、ウラル彦が作った宣伝歌を歌い、踊り狂う者もいた。

実のところ、この七十五日の天災地妖は、神が地上の神人の身魂《みたま》を試すための御経綸《ごけいりん》（仕組）だった。

八八八柱の宣伝使たちは世界中を駆け巡り、非常事態に備えるため、方舟を造るようにと忠告した。しかしそれを信じる者は少なく、千人のうち一人もいなかった。それどころか、地方の権力者の中には、宣伝使の言葉を社会を乱す風説だと捉え、方舟を造ることを禁じてしまう者さえもいた。

そして大洪水と大地震が五六七日間続き、大地の上は一面の泥海となってしまった。神人や動物たちは逃げ惑い、付近の山々に先を争って駆け上っていった。だが連日連夜の大雨で、ついに小高い山もその姿を水中に没していく。そんななか、方舟は暴風に揉まれながらも、木の葉の散るような危うい姿で、高山の頂きを目指していく。

この舟は別名「目無堅間《めなしかたま》の船」とも言う。ちょうど銀杏の実を浮かべたような形で、上面は雨が入らないように、全部楠《くす》の堅く丈夫な板で丸く覆われていた。

日本の真上にあった北極星が東北に傾く

ここから先は霊界物語を直接、読んでみよう。

現代の賢《さか》しき人間は、天災地妖と人事とには、少しも関係無しというもの多けれど、地上神人《しんじん》の精神の悪化は、地上一面に妖邪の気を発生し、宇宙を混濁せしめ、天地の霊気を腐穢《ふえ》し、かつ空気を変乱せしめたるより、自然に天変地妖を発生するに至るものなり。

すべての宇宙の変事は、宇宙の縮図たる人心の悪化によって宇宙一切の悪化するのは、あたかも時計の竜頭が破損して、時計全体がその用をなさないのと同じようなものである。故に大神の神諭（著者注・大本神諭のこと）には、

『神の形に造られて、神に代わって御用を致す人民の、一日も早く、一人でも多く、心の立替立直しをして、誠の神心《かみごころ》になってくれよ』

と示し給うたのは、この理に基くものである。また、

『人民くらい結構な尊いものは無いぞよ。神よりも人民は結構であるぞよ』

と示されあるも、人間は万物普遍の元霊《げんれい》たる神に代わって、天地経綸の主宰者たるべき天職を、惟神《かんながら》に賦与されているからである。

古今未曾有のかくのごとき天変地妖の襲来したのも、全く地上の人類が、鬼や大蛇《おろち》や金狐《きんこ》の邪霊に憑依されて、神人たるの天職を忘れ、体主霊従の行動を敢えてし、天地の神恩を忘却したる自然的の結果である。

神はもとより至仁至愛にましまして、ただ一介の昆虫といえども、最愛の寵児《ちょうじ》としてこれを保護し給いつつあるが故に、地上の人類をはじめ動植物一切が、日に月に繁殖して天国の生活を送ることを、最大の本願となし給うなり。また、

『神を恨めてくれるな。神は人民その他の万物を、一つなりとも多く助けたいのが神は胸一杯であるぞよ。神の心を推量して万物の長と言わるる人民は、早く改心いたしてくれ。神急《せ》けるぞよ。後で取り返しのならぬ事がありては、神の役が済まぬから、神はあくまでも気を付けたが、もう気の付けようがないぞよ。神は残念なぞよ』

との神諭を、我々はよく味わねばならぬ。

［6巻15章「大洪水（一）」］

星は位置を変え、太陽は前後左右に動き、大地は激動して大音響に充たされた。太陽は黒雲に包まれて、地上は暗黒と化してしまった。

天の浮橋は金銀銅の霊線を垂れ、その先端の救いの鈎で、正しい神人を橋に救い上げた。橋の上には蟻が群がるように、数多の神人が救い上げられていた。そして回転して、天教山

や地教山、その他数カ所の高山の山頂に神人を下ろしていく。

大地は見渡す限り泥の海となり、高山がぽつりぽつりとその山頂をわずかに海の上に現わしているだけだった。

地教山に漂着した方舟は何千何百艘とあった。山の八合目あたりに舟を繋ぎ止め、神人は山の上を目がけて駆け上っていった。

この大洪水から神人を救ったものは三つある。①天の浮橋　②方舟　③大きな亀、である。『超訳1』に書いたが［143〜144頁参照］、邪神の陰謀である「常世会議」を阻止した立役者・大道別《おおみちわけ》は、そのやり方を国祖に非難され、責任を感じて投身自殺した。やがてその霊魂が二つに分かれて、陸上を守護する日の出神《ひでのかみ》と、海上を守護する琴平別神《ことひらわけのかみ》として再生した。その琴平別神が巨大な亀に変身して大洪水から神人を救ったのである。大亀はその背中に神人を乗せて高山へと運んだ。

しかし、すべての神人が救われたわけではない。阿鼻叫喚の声は四方八方に轟いていた。

このとき野立彦命《のだちひこのみこと》と野立姫命《のだちひめのみこと》は、地上の惨状を見て嘆き悲しみ、大宇宙のス神《しん》である大国常立命《おおくにとこたちのみこと》に向かって祈願し、かつ日の大神、月の大神の精霊に対して、

「地上の森羅万象を一つも残さず、この大難からお救いください。我々は地上の神人をはじめ、

この宇宙に存在するありとあらゆるものの贖いとして、地獄に落ちていき、無限の苦しみを受ける覚悟です。できることなら、この世に生きとし生けるすべてのものの罪をお赦《ゆる》しください。地上がここまで混濁し、このような大難が起きたのは我々の一大責任ですので、この身をもってすべてのものの代わりになりましょう」

と言うと、天教山の猛烈な噴火口に身を投じてしまった。

神の仁慈は無限絶対であり、人間の創造も及ばないほど極仁極愛のご精神である。

この大異変によって地軸が傾き、空の星は見える位置を変じた。

北極星（こぐま座のポラリス）は現代の日本から見ると、北の空に見える。その角度は見る場所の緯度と同じなので、札幌なら四十三度くらいの角度で、東京なら三十五度、沖縄なら二十六度くらいの角度で見える。

これが太古の神代では、日本列島のほぼ真上に北極星があった。しかし天変地異によって大地は西南に傾斜したため、北極星や北斗七星は日本から見て東北のほうに位置を変えたのだ。また太陽も日本から見てやや北のほうに傾き、それ以後、気候に寒暑の違いができるようになったのである。［6巻18章「天の瓊矛」］

もっともこれは4巻の末尾に書いてある「神示の宇宙」論（本章コラムを参照）をふまえたうえでの記述なので、単純に日本列島が北極点だったとか、そういう意味ではない。

なお、この地軸の傾きは少なくとも五十世紀までには元に復帰するということが霊界物語に記されている。［15巻21章「帰顕」］

大本の終末予言――大正十年立替え説

霊界物語で宣伝使の始まりは、世の大峠（終末）を告げる言触神《ことぶれのかみ》だったが、大本初期の宣伝使（注2）たちも世の立替立直し（破壊と再生）を告げる予言警告の鐘を全国に鳴らして歩いていた。

しかし霊界物語の宣伝使と異なるのは、地球に天変地異は起きず、大本に天変地異が起きた、ということだ。つまり、終末論を高らかに唱えるカルトのような教団だった大本に治安当局のメスが入って弾圧された。それが大正十年（一九二一）の第一次大本事件である。

一般に予言と言ったら、何年の何月何日にどこそこで何々が起きる、という日時や場所を具体的に指定したものが盛んにもてはやされる。そしてそれが当たったか外れたかということばかりが注目される。

エンターテインメントとしての予言ならそれでもいいかも知れない。だが、神が下す予言は当たり外れが重要なのではない。今のままだとこのような災難が起きてしまうから「早く改心して下されよ」ということが重要なのである。

言うなれば、予言とは改心を促すための一つの方便なのであって、できれば災難が起こらずに済ませたいがために、神は予言警告を発しているのである。

しかし現実には、予言が当たるか外れるかというセンセーショナルな側面ばかりが注目されてしまう。予言を説く者は自分の予言能力・解読能力が優れていることを誇示したがり、予言を信じる者は自分が助かりたい一心で安全地帯に逃げ込んでしまう。そして予言を信じない者たちを「大災難で滅びる」と非難して敵視する。

予言を強調する宗教は、このようにカルト化してしまうケースが少なくない。

大正時代の大本もまた、カルト宗教の側面が大きかった。

ところで王仁三郎は予言者としても有名だ。数々の予言を残している。だが王仁三郎自身は、それほど予言を強調していたわけではない。まして年限を区切った予言は好まなかった。

予言警告はあくまでも人々を覚醒させるための手段の一つであり、真に重要なことは、目覚めたあとでどのように神の道を歩んでいくか、つまり身魂《みたま》磨きをしていくか、ということなのだ。大本は三千世界の「立替立直し」を叫んだが、立替え（破壊）の予言警告をもっぱら唱えたのが、大本神諭であり、それに対して立直し（再生）のほうを担当したのが霊界物語である。

しかし明治・大正期の大本では、王仁三郎は実権を握っておらず、主流派は世の立替えの予言警告を強調するセンセーショナリズムな人たちだった。そして信者の中には、仕事を辞めたり、学業を放棄したりして綾部に移住する者が続出した。〔『超訳1』58～63頁参照〕

ではここで大本ではどのような予言を唱えていたのか見てみよう。

予言は明治二十五年（一八九二）から出口ナオに懸かって降りた国祖の神示「大本神諭」にすでに出てくる。

「……から
と日本の戦いがあるぞよ。このいくさは勝ち軍《いくさ》、神が蔭《かげ》から仕組《しぐみ》が致してあるぞよ。神が表に現われて、日本へ手柄致さすぞよ。露国から始まりて、モウ一《ひ》と戦《いくさ》があるぞよ。あとは世界の戦いで、これから段々判りて来るぞよ。日本は神国《しんこく》、世界を一つに丸めて、一つの王で治めるぞよ……」〔「大本神諭」明治二十五年旧正月〕

「から」とは「唐」、すなわち中国（当時は「清」）のことで、日清戦争（明治二十七～二十八年）で日本が勝利したことの予言であろう。そしてその後の日露戦争（明治三十七～三十八年）、第一次世界大戦、さらには第二次世界大戦の予言だと思われる。

このような予言が明治二十五年の時点で出ていたのだ。

また明治二十六年には、来春、唐と日本との戦争がある、との予言が出るが、実際に翌二十七年の春に朝鮮半島で農民の蜂起が始まり、それが東学党の乱、そして日清戦争へと発展している。

これからも分かるように、大本は開教当初から予言宗教だったのだ。

大本が全国的な宣教活動を大々的に始めたのは大正七年（一九一八）からである。予言警告を前面に出した宣教で世間の人々の関心を集めた。

月刊機関紙『綾部新聞』大正七年八月号に、当時機関誌『神霊界』の編集をしていた友清歓真《ともきよよしさね》（一八八八～一九五二年。神道天行居《しんどうてんこうきょ》の創始者、天行道人などの号がある）が「一葉《ひとは》落ちて知る天下の秋《とき》～世界立替の日はいよいよ迫る！　次世界はドンナ世界か！」という見出しで論説を発表した。

それによると「この現状世界が木っ端に打ち砕かれる時期」は「今から一千日ばかりの間」に起きると断定している。

「……今や何千年来の御計画実現の時節が到来して、因縁の身魂たる出口開祖にかかられ、いよいよこの悪の世を善一筋の世に立替える大経綸に着手されたのであります。いわゆる建設の前の破壊で、この現状世界が木っ端に打ち砕かれる時期が眼前に迫りました。それはこの欧州戦争（著者注・第一次世界大戦）に引き続いて起こる日本対世界の戦争を機会として、いわゆる天災地変も同時に起こり世界の大洗濯が行われるので、この大洗濯には死すべきものが死し、生くべきものが生くるので、一人のまぐれ死も一人のまぐれ助かりも無いのであります。

……そんなら日本対世界の戦争はいつから始まるかというと、それは今からわずか一、二ヶ年経つか経たぬ間に端を啓《ひら》きます。皇道大本の言うたことで千百中ただの一つも、毛筋の幅ほども間違ったことはありませぬ。日清戦争も、日露戦争も、この度の欧州戦争も、みな大本神の、世界立替の準備行為のようなものでありまして、従ってその計画実行の中府＝神と人との集合所たる皇道大本では、いずれも明治二十五年から分明に前知されてあったのみならず、事情の許す限り、堂々と前もって発表してあります。

……この節しきりに米が高いと愚痴を並べておりますが、まだこれどころではありませぬ。今から半年もすればウンと高くなります。いよいよ日本対世界の戦争になって、少し日が経って難局に陥りますと……日本が絶対の孤立となりますと、一升二円出しても十円出しても米は買うことが出きぬようになります。……武器の如きも無論不足欠乏しますから、寺院の釣鐘も鋳潰されるし、民間では五寸釘の折れまで取り上げられることになり、老若男女を問わず、どうかこうか動けるものはこぞって国防の事に当たらなければならぬようになります。……桑を植えて養蚕をしていても、生糸なぞは買手がなくなります。本当を言えば、今は猫の額ほどの土地にも、芋でも何でも食糧品を植え付けて、それを数年を保存し得るように澱粉《でんぷん》にでも製造しておくべき時なのです。

……敵の艦隊は△△や△△を根拠地にするまでに進んで参ります。某某某地点から次第に上陸して、日本も一時は○分の○を○○されるそうですから……敵の上陸によって行われる惨状は実に眼も当てられぬもので……日本人でその敵の毒牙にかかるものはその因縁を有する人たちで、その時になってはどうともすることが出来ませぬ。そしていよいよという時に、普通の人間から言えば天災地変ですが、霊活偉大荘厳を極めたる神力の大発現がありまして、大地震・大津波・大暴風雨・火の雨等によって解決されるのですが、その時死滅すべき因縁の者はみな死滅してしまいます。現在の建築物の如きも木っ端に砕かれたり、焼かれたりします。そこで初めてこの世の大洗濯が出来るので、その大惨状・大混乱の光景は過去の歴史にかつてまだ無いところのものでありますから、想像も及びませぬ。……繰り返して申します。時期は日に日に刻々と切迫して参りました。もう抜きさしならぬところまで参りました。眼の醒める人は今のうちに醒めて頂かねばなりませぬ。日の経つのは夢のようですが、**今から一千日ばかりの間**にそれらの総ての騒動が起こって、そして解決して静まって、大正十一、二年頃はこの世界は暴風雨の後のような静かな世になって、生き残った人達が神勅のまにまに新理想世界の経営に着手してる時であります。……今ごろ綾部へ引き寄せられる人はたいてい霊統の立派な人でスワという時には充分に神様の御用を勤めて大いに働かねばならぬ人ばかりです。……今日において貴下に最も必要なるものはただ『決心』の二字であります」

この文章は『神霊界』大正七年九月一日号にも転載され、そして十二月には『神と人との世界改造運動』という書名で大日本修斎会から出版された。この本は初版発行からわずか五カ月で七版も出しているので、いかに人々の関心を集めたかが分かる。

『大本七十年史』(宗教法人大本刊)によると、大本信徒に入信の動機についてアンケートを取ったところ、大正期の入信は『神と人との世界改造運動』の影響によるものがかなりあったという。予言警告が人を集めたのである。

『神と人との世界改造運動』は友清が「大本神諭」を研究して書いたものだが、王仁三郎の手になる予言に「大本神歌」や「いろは歌」がある。

「……東雲《しののめ》の空に輝く天津日《あまつひ》の、豊栄昇《とよさか》る神の国、四方《よも》に周《めぐ》らす和田の原、外国軍《とつくにいくさ》の攻め難き、神の造りし細矛《くわしほこ》、千足《ちたる》の国と称えしは、昔の夢となりにけり。今の世界の国々は、御《み》国《くに》に勝りて軍器《つわもの》を、海の底にも大空も、地上地中の撰《えら》み無く、備え足らわし間配《まくば》りつ、やがては降らす**雨利加**《あめりか》の、数より多き**迦具槌**《かぐつち》に、打たれ砕かれ血の川の、憂瀬を渡る国民《くにたみ》の、行く末深く憐みて……」〔「大本神歌」大正六年十二月一日『神霊界』大正七年二月一日号〕

「迦具槌《かぐつち》」（迦具土）というのは日本神話に登場する火の神である。つまりこれは、アメリカが爆弾を投下するという意味に受け取れる。

「……おちこちの寺の金仏《かなぶつ》、金道具、釣鐘《つりがね》までも鋳潰《いつぶ》して、御国《みくに》を守る海陸《うみくが》の、軍《いくさ》の備えに充つる世は、今眼《ま》のあたり迫り来て、多具理《たぐり》になります金山《かなやま》の、彦の命《みこと》の御代《みよ》と化《な》り、下国民《しもくにたみ》の持物も、金気《かなけ》の物は金火鉢、西洋釘の折れまでも、御国を守る物の具と、造り代えでも足らぬまで、迫り来るこそ歎《うた》てけれ。

くに挙《こぞ》り、上は五十路《いそじ》の老人《をひと》より、下は三五《さんご》の若者が、男女《おのこをみな》の別《わか》ちなく、坊主も耶蘇も囚人《めしうど》も、戦争《いくさ》の庭に立つ時の、巡りくるまの遠からず……」

〔「いろは神歌」大正六年十一月三日『神霊界』大正六年十二月一日号〕

まるで第二次大戦中に行われた金属の供出や（実際にお寺の釣鐘なども兵器を造るため鋳潰された）、徴兵や徴用で老若男女問わず総動員された大戦末期（男子の9割以上が徴兵された）の予言のようだ。

また、大正期の大本の予言警告の急先鋒と言えば、先述した友清歓真と共に浅野和三郎《わさぶろう》がいる。

浅野和三郎（一八七四〜一九三七年）は日本心霊科学協会の創始者で、日本のスピリチュアリズムの父と言われているが、大正期には大本の最高幹部をしていた。

浅野は東京帝大英文学科を卒業し、横須賀の海軍機関学校で英語教官となる。子どもの病気をきっかけに心霊研究をするようになり、大正五年（一九一六）に大本に入信した。教官を退官して一家で綾部に移住するほど大本に傾倒していた。機関誌『神霊界』の主筆として才筆をふるい、王仁三郎に次ぐ大本教団のナンバー2となる。王仁三郎の名を真似して「浅野和邇《わに》三郎《さぶろう》」と名乗っていたほどだ。

その浅野は「大正十年立替説」を唱えた。大正十年（一九二一）に天変地異が起きてこの世が立替えられるという終末論である。

「……本年は大正八年である。弥《や》の歳である。いよいよの歳である。『三十年《みそとせ》の世の立替も迫りけり、後の三年《みとせ》に心ゆるすな』。これは大正七年五月十日、教主（著者注・王仁三郎のこと）に神懸りまして詠まれたる二百首中の一首である。後の三年の第一年は本年である。……」［浅野和三郎「大正八年を迎ふ」『神霊界』大正八年一月一日号］

大正七＋三＝十で、大正十年に立替えが起きると唱えたのである。

また、「伊都能売《いづのめ》神諭」（出口ナオ昇天後に、王仁三郎に国祖の神霊が降りて書いた神示）には次のような予言が現われていた。

「……三年さきになりたらよほど気を付けて下さらぬと、ドエライ悪魔が魅《み》を入れるぞよ。辛《かのと》の酉《とり》の年は、変性女子《へんじょうにょし》（著者注・王仁三郎のこと）にとりては、後にも前《さき》にもないような変わりたことが出来て来るから、前に気を付けておくぞよ……」［大正七年十二月二十二日］

「……辛の酉の紀元節、四四十六の花の春、世の立替立直し、凡夫の耳も菊の年、九月八日のこの仕組……」［大正八年一月二十七日］

大正十年（一九二一）がちょうど「辛酉」の年に当たる。中国では古代から辛酉《しんゆう》革命と言って、辛酉の年には革命が起きるとされている。

「四四十六の花の春」とは、四×四＝十六から十六弁の菊花御紋章を指すが、また別の意味もある。神武天皇即位の年（西暦紀元前六六〇年）が辛酉であり、それを一回目として四十四回目の辛酉が大正十年に当たるのだ。（干支は六十年で一巡する。六十年×四十三回＋一年＝二五八一年が四十四回目の辛酉の年で、皇紀二五八一年は西暦一九二一年に当たる）

つまり、大正十年の紀元節（現在の建国記念日）である二月十一日に世の立替えが起きると読める。

このように神の示しはすべて大正十年を指していた。ゆえに機関誌などの文書宣伝や、講演会や座談会、街頭宣伝などで、終末論が告げ知らされていく。

その主張は次のようなものである。

――邪神が支配する利己主義《われよし》・弱肉強食《つよいものがち》の世界は、国祖・国常立尊の復権（再現）によって立替えられる。日本はそのために昔から神が準備していた神国であり、日本人は世界を一つに治める使命を持っている。日本と外国の大戦争が起きて、外国の軍隊は日本に押し寄せるが、最後に神の力によって全滅させられる。早く改心をしないと天変地異や戦争により世界の人民は三分（3％）になってしまう。この神の経綸の中心地は丹波の綾部の大本であり、因縁のある者は大本に集まり、三千世界（神界・幽界・現界）の立替立直しの御神業に参加せよ……。

　当時の大本の宣伝班の出立ちは、ほとんどの人が長髪で、紋付き羽織にもんぺを着用していた。髪は神に通じるということで、頭髪を伸ばす信者が多かった（王仁三郎も長髪だった）。頭髪を後頭部で紐で結び、鎮魂帰神のときに必要な短刀を袋に納めて腰に差している姿は、異様な出立ちだったので、世間からは「長髪族」などと呼ばれた。こういう異様な姿の大本宣伝班が壇上で講演したり、街頭で「時は迫れり、速やかに改心せよ」と熱弁するのであるから、社会からは奇異に見られていた。

　だが実際には大本に入信し、綾部へ移住する者が増加した。農村部ばかりでなく、軍人、特に海軍に浸透していった。このような状態だから、当局がマークするはずである。

　その結果、大正十年に起きたことは、世界の立替えではなく、大本の立替えであった。

　紀元節の翌二月十二日に大本は家宅捜索を受け、出口王仁三郎、浅野和三郎、吉田祐定《ゆうすけ》（機関誌発行人）の三人が検挙された。容疑は不敬罪と新聞紙法違反である。

　弾圧は政治的なものだが、しかし政治が絡まなくても社会から十分にバッシングされるだけのことはあった。何ら違法行為はなくても、世の終末を叫び、仕事や学業を投げ出して聖地に移住し集団生活を営む、そんな宗教団体があったら誰でも不審に思うだろう。現代だったらたちまちマスコミにバッシングされ、弁護士によって「被害者の会」が作られるはずだ。現に予言警告は神の教えの重要な要素の一つではあるが、それに傾きすぎると危険である。予言が外れると集団自殺したりするような宗教団体もときどきあるくらいだ。

大本も自殺こそしなかったが、失望して離れていった信者が何人もいた。予言を主唱した本人の友清歓真や浅野和三郎、また霊界物語筆録者の一人である谷口雅春《たにぐちまさはる》（生長の家の教祖）などは大本から脱退していった。

この出来事以降、大本は王仁三郎が実権を握り、予言を強調しないようになった。予言に傾倒するのを卒業して、次のステージへと進んでいったのである。

霊界物語でもこの大洪水以降は、予言警告はあまりなされない。大艱難に陥らないようにするための立直し（再生）の原理が、霊界物語の中心的な話題である。そしてそれを一言でいうなら「言向《ことむ》け和《やわ》す」ということに他ならない。大洪水以降の宣伝使たちは、予言で人々を覚醒させていくのではなく、言向け和すことによって覚醒させていくようになる。

予言というのは、恐怖心を与えることで人々を目覚めさせるという側面を持っている反面、その恐怖から「魔」が入る危険を伴う。恐怖ではなく、「愛」で人々を目覚めさせるのが王仁三郎の言う「言向け和す」なのだ。

さて、次の章からはいよいよ、宣伝使たちの身魂磨きの試練の旅のドラマを見ていこう。

（注2）　初期の宣伝使……当時はまだ宣伝使という言葉は使われていなかった。宣伝使制度ができたのは大正十四年（一九二五）である。

コラム

神示の宇宙

「神示の宇宙」とは霊界物語4巻46～50章に出てくる王仁三郎の独特な宇宙論で、神の目から見た宇宙の姿が書かれている。なかでも最も特徴的なものは、地球は「球」ではなく平らな「地平」であるという「地平説」である。

次頁の図のように、小宇宙は球形であり、「大空《たいくう》」と「大地」の二つのエリアに分かれる。その間にある「中空《ちゅうくう》」に、太陽や月が存在する。大地は氷山で覆われており、その真ん中に地球ならぬ地平がある。

その他にも次のような驚く宇宙観が記されている。

・太陽の背後には水球があり、鉄アレイのような球竿状《きゅうかんじょう》になっている。他の星もみな球竿状である。

・大地にも空の星（火水《ほし》）と同じ数だけ「地星《ちせい》」（水火《しほ》）がある。

・太陽も星も動かない。つまり自転も公転もしない。大地の傾斜運動によって太陽や星が動くように見える。動くのは月だけ。月だけが中空を移動している。

・他の星には人間と同じような姿をした宇宙人はいない。しかし神々はいる。

・電気の濫用で人体、生物に有害な邪気が発生する。「霊気」を使うようにならないと世界は治まらない。

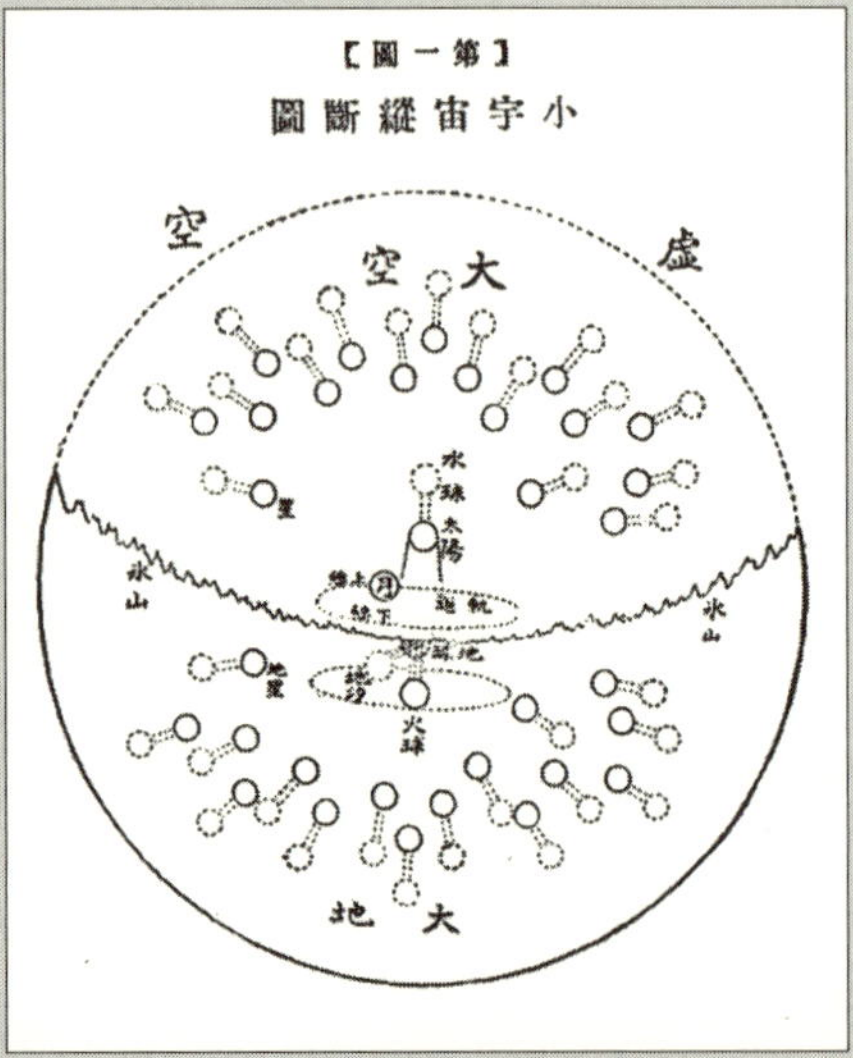

戦前刊行された霊界物語に収録されている
「小宇宙縦断図」

第2章

宣伝使は無抵抗主義で世界を言向け和す

霊界物語の主人公・スサノオが導く霊的勢力を「三五教《あなないきょう》」と呼ぶ。この三五教の教えの中で特に重要な教えの一つが「無抵抗主義」である。これは言向《ことむ》け和《やわ》すための真髄であると言っていいかも知れない。

無抵抗主義のエピソードが霊界物語にはたくさん出てくる。『超訳1』では「一つ島の深雪《みゆき》姫《ひめ》」のエピソードを書いた。アマテラスの軍隊が地中海の一つ島に侵略にきた話だ。武器があっても使わないのが神軍の兵法だという精神に驚いた読者も多いと思う。忘れてしまった方は読み返していただきたい。〔『超訳1』216頁参照〕

さて、この章では無抵抗主義に関する他のエピソードを読んでみよう。まずその前に、大洪水後の世界がどうなったかを紹介する。

動物から「霊止《ひと》」への神化

大洪水後に「天《てん》の御三体《ごさんたい》の大神《おおかみ》」が地上に降りて、国生み・神生みの神業が行われた。このとき、人類も誕生した。「神人《しんじん》」から「人《ひと》」の時代に移ったのである。

暗黒の世が去って晴れて新しい天地が訪れたのだが、世が下るにつれて再び悪化していってしまった。

そこのくだりを読んでみよう。

伊弉諾《いざなぎ》、伊弉冊《いざなみ》二神は、撞《つき》の大御神《おおみかみ》（著者注・天照大御神《あまてらすおおみかみ》のこと）を豊葦原《とよあしはら》の瑞穂国《みづほのくに》の大御《おおみ》柱《はしら》となし、自らは左守《さもり》、右守《うもり》の神となりて、漂える大海原《おおうなばら》（著者注・地球のこと）の国を修理固成し、各国魂《くにたま》の神を任じ、山川草木《さんせんそうもく》の片葉《かきは》に至るまで各々その処を得せしめ、完全無欠の神国をここに目出度く樹立せられたのである。

しかるに好事魔多しとかや、葦原の瑞穂国には天《あま》の益人《ますひと》、日に月に生まれ増して、遂には優勝劣敗・弱肉強食の暗黒世界を再現し、国治立命《くにはるたちのみこと》（著者注・国祖のこと）の御神政に比して数十倍の混乱暗黒世界とはなりける。

ここに人間なるもの地上に星の如く生まれ出で、増加するによって、自然に自己保護上、体主霊従の悪風、日に月に吹き荒み、山を独占する神現われ、一小区画を独占する者も出で来たり、野も海も川も、大にしては国、洲《しま》などを独占せんとする神人や人間が現われたのである。

山を多く占領する神を大山杙《おおやまぐい》の神と言い、また小区画を独占する神を小山杙《こやまぐい》の神と言う。また原野田圃《げんやでんぼ》の大区画を独占する人間を野槌《のづち》の神と言う。小区域を独占する人間を茅野姫《かやぬひめ》の神と言う。

山杙の神や野槌の神や茅野姫の神は各処に現われて互いに争奪を試み、勢い強きものは大をなし、力弱きものは遂に生存の自由さえ得られなくなって来たのである。

人間の心はますます荒《すさ》み、いかにして自己の生活を安全にせんかと日夜色食《しきしょく》の道にのみ孜々《しし》として身心を労し、遂には他を滅しその目的を達せんために人工をもって天《あま》の磐船《いわふね》を造り、あるいは鳥船を造り、敵を斃《たお》すために、各地の銅鉄の山を穿《うが》ちて種々の武器を製造し、働かずして物資を得んがためにまたもや山を掘り、金銀を掘り出してこれを宝となし、物質との交換に便じ、あるいは火を利用して敵の山野家屋を焼き、暗夜《あんや》の危険を恐れて燈火を点じ、種々の攻防の利器を製造して互いに雌雄を争うようになって来た。

しかして衣食住はますます贅沢に流れ、神典にいわゆる大宜津《おおげつ》姫命《ひめのみこと》の贅沢極まる社会を現出し、貧富の懸隔最もはなはだしく、社会は実に修羅の現状を呈出《ていしゅつ》するに至りたり。

［6巻30章「罔象神」］

世の中が悪いのはなぜだろう、争いがあるのはなぜだろう……と誰しも哲学することがあると思うが、「ここに人間なるもの……増加するによって、自然に自己保護上、体主霊従の悪風……吹き荒み」云々と書いてある。

単純に人間が増えれば自然と争いが発生してしまうのではないだろうか。

人はそれぞれ異なる文化・価値観を持った小宇宙である。その小宇宙同士が接触したら、そこには大なり小なり摩擦が生じてくる。

自分にはない、異なる文化を持っているからこそ魅力を感じ引かれ合うのだ。しかし、だからこそ一緒にはやっていけずにケンカをするのである。

現代日本では結婚したカップルの三組に一組が離婚すると言われているが、離婚の理由は何であれ、一緒にやっていけないから離婚するのである。

人類社会全体で見ても、それと同じだ。それぞれ違った価値観を持った民族・国家が一緒にやっていけないから戦争が起きるのである。それは自分たちの価値観を守るため、と言ってもいいだろう。

人が増え、社会が拡大すれば当然、近隣の社会と接触する。そこで紛争が起きるのは、ある意味で自然現象なのだ。

動物たちが縄張り争いをするのと同じで、人間だって縄張り争いをする。「区画を独占」と書いてあったが、まさに縄張り争いである。そしてそれは自然現象なのである。自分を守るための争いだ。人口が増えればどうしても他人の領域を侵食せざるを得なくなってくる。

だが、人間はただの動物ではない。王仁三郎は、人というのは神の「霊」が「止《とど》」まる

「霊止《ひと》」だと説いた。縄張り争いをするのを止めて、みんなで仲良くすることが可能な生き物なのである。

動物は、敵が来たらどういう態度をとるか？　ふつうは戦うか、逃げるか、どちらかである。犬は自分より弱そうな相手にはワンワン吠えるが、自分より強そうな相手には尻尾を巻いて逃げてしまう。

人間も敵に対して戦うか、逃げるかのどちらかだ。しかし人間には第三の選択肢がある。それは敵と友達になってしまうことだ。和解とか仲直りというのは、神の霊が止《とど》まる「霊止《ひと》」だからこそできることである。それができなければ人はただの動物だ。

そしてそれを実行するための方法が、「言向け和す」だと言える。

大洪水のあとに誕生した人類が、ついに動物から霊止《ひと》に神化する時代がやって来たのである。

敵と友達になる――北光彦の場合

救世主神であるスサノオは三五教《あなないきょう》のグル（霊的指導者）だ。しかしスサノオは三五教の創始者ではない。三五教は「三大教《さんだいきょう》」と「五大教《ごだいきょう》」が統一されて誕生した。

三五教が霊界物語に初めて登場するのは、大洪水、そして国生みが終わったあとの6巻33〜36章だ。そこに、五大教と三大教が統一されて三五教が誕生したという話が出てくる。

聖地エルサレムの傍らに聳《そび》え立つ黄金山《おうごんざん》の麓で、埴安彦神《はにやすひこのかみ》が立てた教えが五大教である。また、インドとチベットの境に屹立する高山・霊鷲山《りょうしゅうざん》の山麓の村「玉の井の郷」で、三葉彦神《みつばひこのかみ》が立てた教えが三大教である。

両教の宣伝使がエデン川（現在のユーフラテス川に相応）の川岸で宣伝中に出会い、互いの教えに感じるものがあってそれぞれ教祖に報告。その後、三葉彦神と埴安彦神は面会して互いに了解し、両教を統一して三五教と改称することになった。

埴安彦神は名前は男っぽいが、実は女である。そこで三葉彦神は埴安姫神と改名して女房役を務めることになった。この話は、明治二十五年（一八九二）と三十一年（一八九八）にそれぞれ綾部と亀岡で開教した出口ナオ（変性男子＝男霊女体）と王仁三郎（変性女子＝女霊男体）が出会って、大本が発展していった出来事と相応している。

さて、三五教の重要な教えの一つ、無抵抗主義にまつわるエピソードがここに出てくるので、それを紹介しよう。

三大教の宣伝使・北光彦《きたてるひこ》の宣伝中に起きた出来事だ。

【巻章】６巻33章「瓔珞《おうらく》の河越」～35章「北光開眼」
【場所】エデン川の川岸
【登場人物】北光彦《きたてるひこ》（三大教の宣伝使）／東彦《あずまひこ》（五大教の宣伝使）／旅の男・甲、乙

五大教の宣伝使・東彦はエデン川の川岸で岩上に座り、旅人たちを相手に神の教えを宣伝していた。するとそこへ三大教の宣伝使・北光彦が現われた。

頭髪は真っ白で、やはり真っ白なヒゲは胸先まで長く垂れている。

二人は初対面だが意気投合し、二人が歌っていた宣伝歌を一つに合わせて歌い出した。

「神が表面《おもて》に現われて　　善と悪とを立て別ける
魂《たま》を研けよ立替えよ　　身の行為《おこない》も立直せ
この世を造りし神直日《かむなおひ》　　霊魂《みたま》もひろき大直日《おおなおひ》
ただ何事も人の世は　　直日に見直せ聞き直せ(注3)
身の過失《あやまち》は宣《の》り直せ」

歌い終わると今度は北光彦が岩の上に座り、宣伝を始めた。

すると話を聞いていた旅人の男の一人、甲が質問をする。

「先ほどの東彦の宣伝使さまが言うには、この世の中は善悪の立替えがあり、大慈大悲の神様が現われて善人を助け、悪人を亡ぼし、強きを挫き、弱きを救い、私たち民衆を天国に救って下さるということです。まったく有り難いことです。

しかし、今度はあなたさまが現われて、『ただ何事も人の世は、直日に見直せ聞き直せ云々』とおっしゃいましたが、一体これはどういうことなんでしょうか？ 詳しく教えてもらえませんか？

私たちは……祖先伝来の山や田畑をウラル彦の手下の悪人どもに占領されてしまいました。女房も奪い取られ、住む家は焼かれ、食う物もなく、眠る場所もなく、親子は散り散りバラバラとなり、実に悲しい人生を送っております。

そのために私は、こうして乞食となってあちこち巡り歩いて、家を焼いて女房を奪ったあの悪党どもを探し出して、必ず仇を討ってやろうと思い、いろいろ苦労をいたしております。

もし神様が本当にこの世にいらっしゃるのならば……どうしてこんな不公平なことがあるのに、黙って見ておられるのでしょうか？ 私は神の存在自体を疑います。

先ほどの宣伝使さまが言われたように、善悪を立替える神様がいるのならば、一日も早くこの私たちの無念を晴らして欲しいと思うのです。

しかし、ただ今のあなたのお言葉の中に『ただ何事も人の世は、直日に見直せ聞き直せ』とありましたが……、これは要するに『何事もあきらめよ』という教えではありませんか。

先ほどの神様の教えとあなたの教えとでは、どうしても噛み合わないような気がするのです」

甲の疑問に対して北光彦は丁寧に答える。

「神様は至善、至美、至仁、至愛のお方です。ゆえに悪を憎み、無慈悲をお嫌いになるのは言うまでもありません。人間はどんなに立派な賢い者でも、神様と比べてみれば、実に小さな存在であり、どうしても無限絶対の神様の力に頼らなくてはなりません。

あなたの『恨みを晴らそう』という気持ちは、人情としてもっともなことであり、私もまったく同情します。

しかし、そこを人間なら忍耐して、敵を赦《ゆる》してやらなければならないのです。そこが人間の尊いところであって、それでこそ神様の大御心《おおみこころ》に叶うというものです」

それを聞くと突然、甲はムクッと立ち上がり「馬鹿！」と叫んだ。

そして隼《はやぶさ》のような鋭い眼で北光彦を睨みつけ、息を荒らげながら、

「オ、オ、俺はコ、コ、こんな宣伝使の吐《ぬ》かすことは、キ、キ、気に食わん。腰抜け野郎め。女房を奪われ、家を焼かれ、悪人に財産を全部ふんだくられ、寝る家もなく、食う物もなく、

親子は散り散りバラバラになって、あるにあられぬ苦労をしているのに、この苦労知らずの人情知らずめが！

ナ、ナ、何が、カ、カ、神サマだ。赦してやれもクソもあったものか。尻《ケツ》が呆れらア。ア、ア、あまり人を馬鹿にするんじゃない！　そんならお前の頭に、オ、オ、俺が今、小便を引っかけてやる。ソ、ソ、それでもお前はオ、オ、怒らないのか！」

と言って、北光彦の背後に立つと、その頭の上から小便をジャアジャアとかけ出した。東彦や旅人たちは「待て、待て」と叫ぶが、あっという間に小便を出し終えてしまった。

しかし頭から小便をひっかけられた当の北光彦は、ニコッとしてそのまま座っている。

甲はそんな北光彦に口汚く罵った。

「やい、腰抜け野郎め！　弱虫！　はな垂れ！　小便垂れ！」

別の旅人が「小便垂れたのはお前じゃないか」とチャチャを入れる。

甲はムカッとして「なに？　俺が小便を垂れたんじゃない。小便のほうから出たんだ」と減らず口を叩く。

北光彦は平然として講演を続けた。

別の旅人、乙が質問する。彼は片目がなかった。

「宣伝使さまにお尋ねします。私はご覧の通り、悪人に片目を抉《えぐ》られてしまいました。幸いなことに片目は助かったので、どうにかこの世の明かりは見えますが、時々思い出しては癪《しやく》に障って仕方ありません。

あなたのお話を聞いて、また忍耐力の強さに感動しまして、私もあなたのような美しい心になって、直日とやらに見直し聞き直そうと覚悟を決めました。

しかしどうしたものか、腹の底に悪い蟲が潜んでいて、なかなか承知してくれません。『仇を討て』『仇を討て』『何をぐずぐずしている』『目玉を抉られたのに、卑怯にもその敵を赦しておくような弱い心を持つな』と腹の蟲が囁くのです。

一体、どうしたらこれが消えるのでしょうか。どうしたらそんなふうに思わないように、綺麗に忘れることができるでしょうか」

北光彦は答える。

「ごもっともです。それが人間の浅ましさです。しかし、そこを忍耐しなくてはならないのです。何事も惟神《かんながら》に任せなさい。

我々の心の中には、常に鬼や悪魔が出入りをしています。それで人間は生まれつき持っている直日の霊《みたま》という立派な守護神と相談して、よく省みなくてはなりません。

笑って暮らすも、泣いて暮らすも、怒って暮らすも、勇んで暮らすも、みな同じ一生です。

とにかく忘れるがよろしい。仇を討つべき理由があり、先方が悪ければ、神様はきっと仇を討って下さるでしょう。

人間は何よりも忍耐が第一です。人を呪わず、人を審判《さば》かず、ただ人間は神の御心《みこころ》に任して行けばこの世は安全です。何事も神様の御心であって、人間は自分の運命を左右することも、どうすることもできないものです。生きるも死ぬも、みな神様の御手の中に握られています。

ただ人は己を正しくして人に善を施せば、それが神様の御心に叶い、幸福の身となるのです。人間としてこの世にある限り、神様のお目に止まるような善事をなすことはなかなかできません。日に夜に罪悪を重ねて、その罪の重みによっていろいろと因縁が結ばれて来るのです。あなたが目玉を抉られたのも決して偶然ではないでしょう。本守護神である直日に見直し聞き直し、省みてご覧なさい。悪人だと思っても悪人でなく、神様に使われている人間もあり、善人だと見えてもまた悪魔に使われている人間もあります。

善悪正邪はとうてい人間として判断はできません。ただ惟神に任せて、神の他力に頼って安養浄土に救ってもらうのが、人生の本意であります。――惟神たまちはえませ」

そう言うと北光彦は合掌した。

すると最初の男・甲は怒って、

「ヤイみんな。こんなトボけた教えを聞く馬鹿があるか。こいつが言っていることこそ、強い者勝ちの教えだ。

こいつはきっとウラル彦の回し者だぞ。俺のような弱い者を、舌の先でちょろまかしているのだ。

オイ乙、お前は片目を抉られて、つい今朝まで仇を討つと言って力んでいたが、今のザマったらどうだ。さっぱりこの宣伝使に腑抜けにされやがって、そのうちもう片方の目も取られてしまうぞ。

ヤイ、北光彦！　貴様もひどい目に遭わしてやろうか」

と言うと、削ぎ竹（先の尖った竹）を持って北光彦に迫り、その右眼にグサッと突き刺した。

一同は唖然とする。

しかし北光彦は泰然として、その削ぎ竹を抜き取り、左手で眼を押さえ、右手で竹槍を持って押し戴き、天に祈り始めた。

「ヤイ北光彦、腹が立つか？　天道さまに『この男に罰を与えて下さい』なんて祈っていやがるんだろう。ヘン、俺サマに罰が当たってたまるか。悪いのは貴様のほうだろ。

オイ、悲しいか？　痛いか？　苦しいか？　涙をこぼしやがって。

今まで脳天気な法螺《ほら》ばっかり垂れやがって、フン、その吠え面は何だ。今までの大言壮語はどこ行った？　何をメソメソつぶやいているのだイ」と甲は言葉を尽くしてあざ笑った。

だが北光彦は竹槍を頭に戴き、右手で目を押さえながら、

「アア天地の大神様、私は貴神《あなた》の深き広きそのお恵みと、尊き御威光《ごいこう》を世の中の迷える人々に宣伝して、神の国の福音を実現することを歓びといたします。

ことに今日は広大無辺のご恩寵をいただきました。二つの眼を失った人間さえいるのに、私には幸いなことに、一つの眼を与えて下さいました。

そうしてもう一つのお取り上げになった眼は、物質界は見ることはできなくなりましたが、その代わりに、心の眼はパッと開いて、まるで蓮の花が開くかのように明るくなり、三千世界に通達する霊力を与えて下さいました。

今日はどんなに有り難い尊き日でございましょう。天地の大神様に感謝を捧げます」

と丁重に祈願を捧げ、天津祝詞《あまつのりと》を声も朗かに奏上した。

一同の旅人たちは深く心を打たれて涙を流し、その場に平伏しては、また嬉し涙を流し続けた。

しかし甲は冷静にこの光景を見やりながら、「オイ腰抜け、弱虫、はな垂れ、小便垂れ、減らず口を叩くな。それほど眼を突かれて嬉しかったら、お慈悲にもう一つ突いてやろうか」とまたもや竹槍を持って北光彦の左目を突こうとした。

そのとき五大教の宣伝使・東彦が、その竹槍を右手にグッと握り、右へ押した。

すると甲はヨロヨロとして倒れてしまい、傍らのエデン川の川岸から、真っ逆さまに川の中

へ転落してしまった。
北光彦は驚いて真っ裸となり、すぐさま川に飛び込むと、甲の足を掴んで浅瀬に引いて救い上げた。

この一件で気が荒く乱暴者のこの男も、北光彦の情け深い心にとても感動し、悔い改めて弟子となり、神の教えの宣伝に従事することとなった。

（注3）直日《なおひ》……人の霊魂は一霊四魂《いちれいしこん》でできている。一霊とは直日（直霊）のこと、四魂とは荒魂《あらみたま》、和魂《にぎみたま》、幸魂《さちみたま》、奇魂《くしみたま》の四つである。四つの魂はそれぞれ働きが異なる。直日の四つの方面の働きが四魂だとも言えるし、四魂の中心に直日があるとも言える。直日は「省みる」という機能を持っており、三五教の教えは「直日に見直し聞き直し身の過ちは宣り直す」という一言に尽きると言ってもよい。人の霊魂は神の分霊であり、直日（直霊）とは「内在する神」とも言える。
　一霊四魂については、『超訳1』で紹介した出口光氏（王仁三郎の曾孫、心理学者）が、一霊四魂を探求して実践的な心理学を打ち立てた。出口光著『人の心が手に取るように見

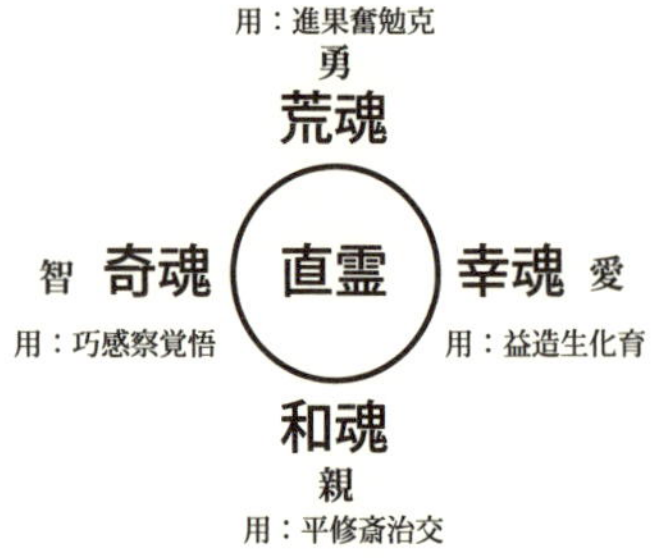

一霊四魂

えてくる』（中経出版刊）に詳しく書いてあるのでぜひお読みいただきたい。身魂磨きにとても役立つ本だ。

さて皆さん、このエピソードをお読みいただいて、どう感じただろうか？　なかなか衝撃的な話だったと思う。

三五教の重要な教えの一つ「無抵抗主義」については『超訳1』〔232～235頁参照〕で簡単に紹介した。無抵抗主義とは何もしないことではない。敵が攻撃してくるベクトルを変えてしまうことである。

しかも正面からぶつかって行くのではなく、そのベクトルの主導権を握って、方向を変えるのである。

しかしそのベクトルが実際に変わるまでの間は、あたかも敵にやられてしまっているかのように見える場合がある。するとこの男（甲）が宣伝使の北光彦に吐いたように、三五教の教えは「何事もあきらめよ」と説いているように思えてし

無抵抗主義

まうのだ。

『超訳1』の無抵抗主義の項を読んで、そのように感じた人もひょっとしたらいたかも知れないので少々補足しておこう。

王仁三郎は無抵抗主義とは実は抵抗主義だ、と言っている。

「無抵抗主義は、実は極端なる抵抗主義である。打たれても、叩かれても、黙って隠忍しているところに、底力のある強い抵抗がある。そしてこの無抵抗の抵抗が遂に最後の勝ちを制するのである。

天理教祖のおみきさん（著者注・中山みき）は、牢獄に投ぜらるること、幾回なるかを知らず、警官の叱責に遇うや、いつでもただ『ハイ、ハイ』と言うていた。

『ハイ、ハイ、ハイで這い登れ山の上まで』というのが、常に彼女が教え子たちに示したモットーであったということである」〔「無抵抗主義と抵抗主義」『水鏡』〕

無抵抗主義とは、何もかもあきらめてしまうことではない。かといって屈服したり、逃げてしまうことでもない。決してあきらめずに、決して屈服せずに、決して逃げないことである。

だが、抵抗するのに「無抵抗」主義と呼ぶのは変だと思うだろう。

ふつう抵抗というのは、敵の攻撃してくるベクトルに真っ向から対抗することを言うのではないだろうか。「戦争反対」とか「原発反対」とか。

しかし反対されたほうは、またそれに対して反発心が生じる。そうしてお互いに反発し合っているのだから、あとは力で勝負するしかない。

こうして人類は延々と戦争を続けてきたわけだ。

動物の敵に対する態度は、戦うか逃げるかのどちらかだと書いたが、「あきらめる」というのは「逃げる」に該当するだろう。

たとえば北光彦が小便を引っかけられたときに、「ああ、汚い」と言って逃げたり、「どうもすみませんでした、私が間違っていました」と土下座して謝罪したら、それは「逃げる」（あきらめる）である。相手の攻撃に負け、屈服してしまうわけだ。

そうではなく、「何をする！　無礼者め！」と逆上したり、「どうかこの男を地獄に落として下さい」と神に祈ったりするなら、それは「戦う」である。相手の攻撃に交戦しているのである。

しかし北光彦が取った態度はそのどちらでもなかった。

まず、一つの目を与えて下さったことを神に感謝し、次に心の目が開いたことを感謝した。のみならず、自分を攻撃した男が川に転落すると、あろうことか自ら裸になって川に飛び込み、男を助け出したのである。

敵から逃げるのでもなく、戦うのでもなく、**敵と友達になる**とは、こういうことなのではないだろうか。

誰かから憎まれ罵られても、自分はやり返さずに——といって屈服して卑屈になるのでもなく、あくまでも対等の人間として、友として、兄弟として付き合う。この態度が、男の心を和《やわ》したのだ。

そして和したということが、ベクトルを変えた、ということなのである。その証拠にそれまで敵対していたこの男が、北光彦の弟子となり宣伝使となったのだ。

これぞ偉大なる神の力である。

敵のために祈る——亀彦の場合

『超訳1』で悪役の高姫のことを書いた。悪徳宗教のウラナイ教の教祖様で、霊界物語の登場回数が主人公のスサノオよりも5倍も多く登場する、超濃厚キャラクターだ。

その高姫が、沓島《くつじま》・冠島《かんむりじま》から宝の玉を奪い取る滑稽なエピソードが16巻の前半に書かれている。

三五教の宣伝使・亀彦に悪事を追求されて、最終的に高姫は玉（如意宝珠《にょいほっしゅ》）を呑み込んでしまい逃走するのだが、そのとき部下の青彦を置き去りにして自分一人で逃げてしまう。［16巻11章「宝庫の鍵」〜14章「鵜呑鷹」］

残された青彦は亀彦に睨みつけられ、おじけづいて逃げ出し、その後、山奥に入って一人で生き神様のフリをして悪徳宗教を開く。

ここでは、そこで繰り広げられるエピソードを紹介しよう。

青彦は蜂の大群に刺されて瀕死の重傷を負い、それを三五教の亀彦たちに救われるのだ。

【巻章】16巻15章「谷間の祈」・同16章「神定の地」

【場所】丹波の国・大江山《おおえやま》の麓、剣尖山《けんさきやま》の谷間

【登場人物】青彦（ウラナイ教の宣伝使）／**信者の男**／**亀彦、英子姫《ひでこひめ》、悦子姫《よしこひめ》**（三五教の宣伝使）

京都府・丹後半島の付け根にある大江山と言えば、酒呑童子伝説で有名である。この山の麓に「城山」とか「日室ケ嶽《ひむろだけ》」と呼ばれる山頂の尖ったピラミッド型の山がある。標高四二七メートル。霊界物語では「剣尖山」と呼ばれている。

その山の谷間を「宮川」という細い谷川が流れていた。

宮川の岩壁に二つの水壺がある。岩肌に自然にできた窪みで、「産釜《うぶがま》」「産盥《うぶだらい》」と呼ばれている。霊界物語でここは昔、天照大御神《あまてらすおおみかみ》が生まれたときに産湯を取らせ給うた場所とされている。

その聖なる滝壺の側に、白装束の一人の男が立っていた。ウラナイ教の宣伝使・青彦である。

青彦は集い来る老若男女に向かって、病を治したり、占いを行ったりして、信者を作っていた。

二、三日前から、この剣尖山の谷間に結構な生き神様が現われたということで、病気平癒や商売繁盛などの祈願で参拝する者があとを絶たなかった。昼でも暗い谷の底を目がけて、数多の老若男女が蟻がエサに群がるように次々と参拝に押し寄せていた。

一人の男がおそるおそる青彦の前に進み出てしゃがみ込み助けを乞う。

「生き神様に一つお願いがございます。私は疝《せん》の病（著者注・腰腹部の疼痛）で年がら年中、苦

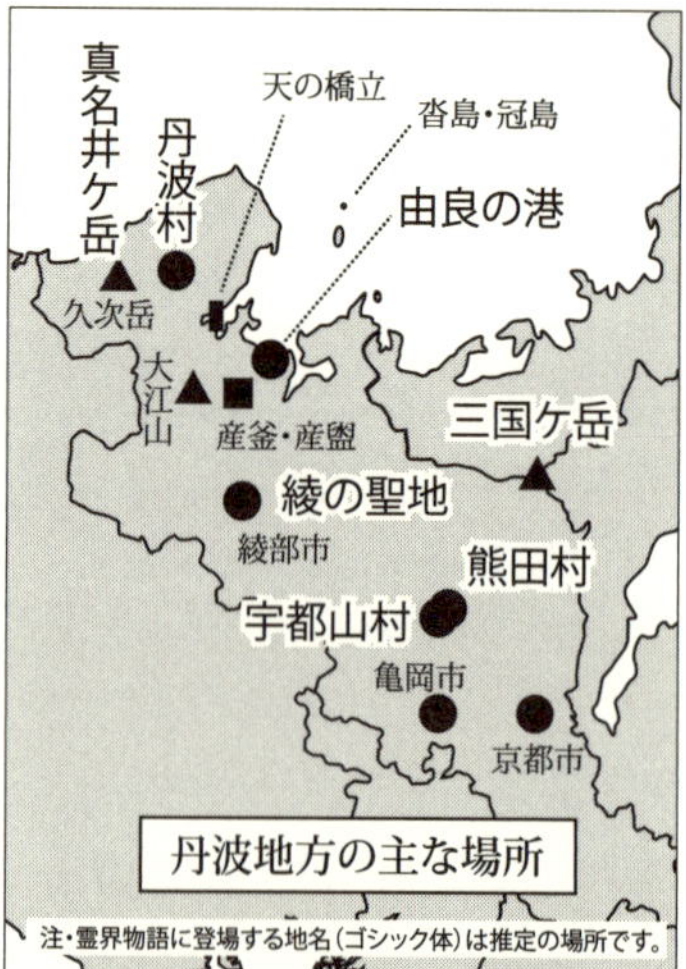

丹波地方の地図

しんでいます。何とかご神徳でお助け下さい。薬で治るのならば、どの薬がよいのかご指図を願いとうございます」

青彦はひょろひょろとした青白いひょうたんのような顔をしているが、このときばかりは威厳ある生き神様を演じていた。ツンとすました顔で男に告げる。

「疝でも何でも治らないことはない。しかしそれはお前の改心次第だ。近頃流行りの三五教を信仰してはいないか？　一刻も早く三五教を捨ててウラナイ教の信者になりなさい。その日から疝の病はウソをついたように全快する。間違いない」

「ハイハイ、どうも有り難うございます。病気が治るならば、いつでもウラナイ教に入ります」

と男は答えた。

この男はもし病気が治らなかったら、きっと他の宗教にいくのだろう。こういう御神徳《おかげ》信仰はまだまだ本物の信仰ではない。神に対価を求める信仰は、信仰ではなくただの商取引である。「病気を治してもらう」ということの代償として「信じる」とか「玉串やお布施を払う」のだ。

青彦のほうでも「信じれば治る」と、信仰と治癒を交換条件にしている。これではモノを買ったり、サービスを提供してもらうのと変わりがない。信仰というより、神を騙った宗教ビジネスだ。そうではなく、たとえ自分の願望が叶わなくても神を信じ続けることができるのが、本物の信仰である。

この青彦のニセ神様を群衆の後ろのほうで見ていた三人の男女があった。三五教の宣伝使、亀彦、英子姫、悦子姫の三人である。

綾の聖地（綾部）から丹後半島の真名井ケ岳（久次岳《ひさつぐだけ》）に向かう途中、通りすがりの参詣者から生き神様の噂を聞きつけてやって来たのだ。

もしやあの青彦がウラナイ教を広めて世間の人々を迷わし害毒を流しているのでは……と思ってやって来たら、案の定だった。

悦子姫は森の中に入ると声色を変えて大声で叫ぶ。

「妾《わらわ》こそは天上より降り来た天照大神のお使い、瑞《みづ》の御魂《みたま》の教え給える三五教の生き神であるぞ。青彦のような体主霊従《たいしゅれいじゅう》の教えを耳に入れるな」

すっかり暗くなった山中に、女の声が響き渡った。

青彦はドキリとして冷や汗を流しながら、「な、なに！　けしからん！　拙者の宣伝を妨害する魔神め！　今この青彦が言霊の威力でもって貴様の正体を現わしてやる！」と言って言霊の濁った祝詞を奏上し始めた。

「ホホホホホ、面白い面白い、あの青彦の青い顔……」

「エーこの曲津神《まがつ》め！　今に往生させてやる！」と汗みどろになり、青彦は一生懸命、祝詞を何度も奏上する。

どうやらウラナイ教にとっての祈願や祝詞は、自分の願望を成就させる手段のようだ。

「オホホホホホ、青彦。汝は高姫に捨てられ、命カラガラここまで逃げ延びて、またもや悪徳宗教を開業しているのか」と悦子姫がからかう。

「うるさい。誠の道を妨害する悪魔め。速やかに退散すれば赦《ゆる》してやるが、グズグズするなら容赦はしないぞ」と青彦はブルブル震えながらカラ元気をつけて怒鳴っている。

「オホホホホ、あのマア、青彦のカラ威張り」

「んん？　どこかで聞き覚えのある声だ……。さてはその方は三五教の女宣伝使だろう？　山に潜んで、拙者の宣伝を妨害する気か！　今に正体を現わしてやる！」と辺りの枯れ柴を集めると、青彦は火打ち石をカチカチと打って火を付けた。

群衆の顔は昼のように火に照らされ浮かび上がった。しかし木の茂みに隠れている悦子姫の姿は見えない。

すると焚き火の炎と光に驚いたスズメバチが怒って飛び立ち、青彦の底光りする二個の目玉を目がけて一斉に襲撃してきた。

青彦は「アイター」と叫び声を上げてその場に倒れ込む。

スズメバチの大群は、青彦の体一面に所狭しと噛みついた。数多の参詣者たちも闇に光った目玉をハチに刺されて、苦しむ者があちこちに現われる。泣く者、わめく者、辺りは阿鼻叫喚の地獄と化した。

またもや女の声が響き渡る。

「ヤアヤア、ここに集まる老若男女よ。この聖場を汚すことだけは絶対に赦されない。一刻も早く神界に謝罪せよ。惟神《かんながら》たまちはえませ」

その唱える声に合わせて、一同は一生懸命に唱え出す。

「惟神たまちはえませ」「惟神たまちはえませ」

その声は山をも揺るがすばかりに轟き渡った。

「ヤアヤア、これでハチに刺された目は全快したろう。一刻も早くこの場から立ち去り、綾の聖地へお礼のために参詣せよ。決して疑うな。惟神たまちはえませ」

一同は目が見えるようになったことに歓び、声がするほうに向かって拍手を打つと、長居は無用とばかりに一目散に帰途を急いだ。

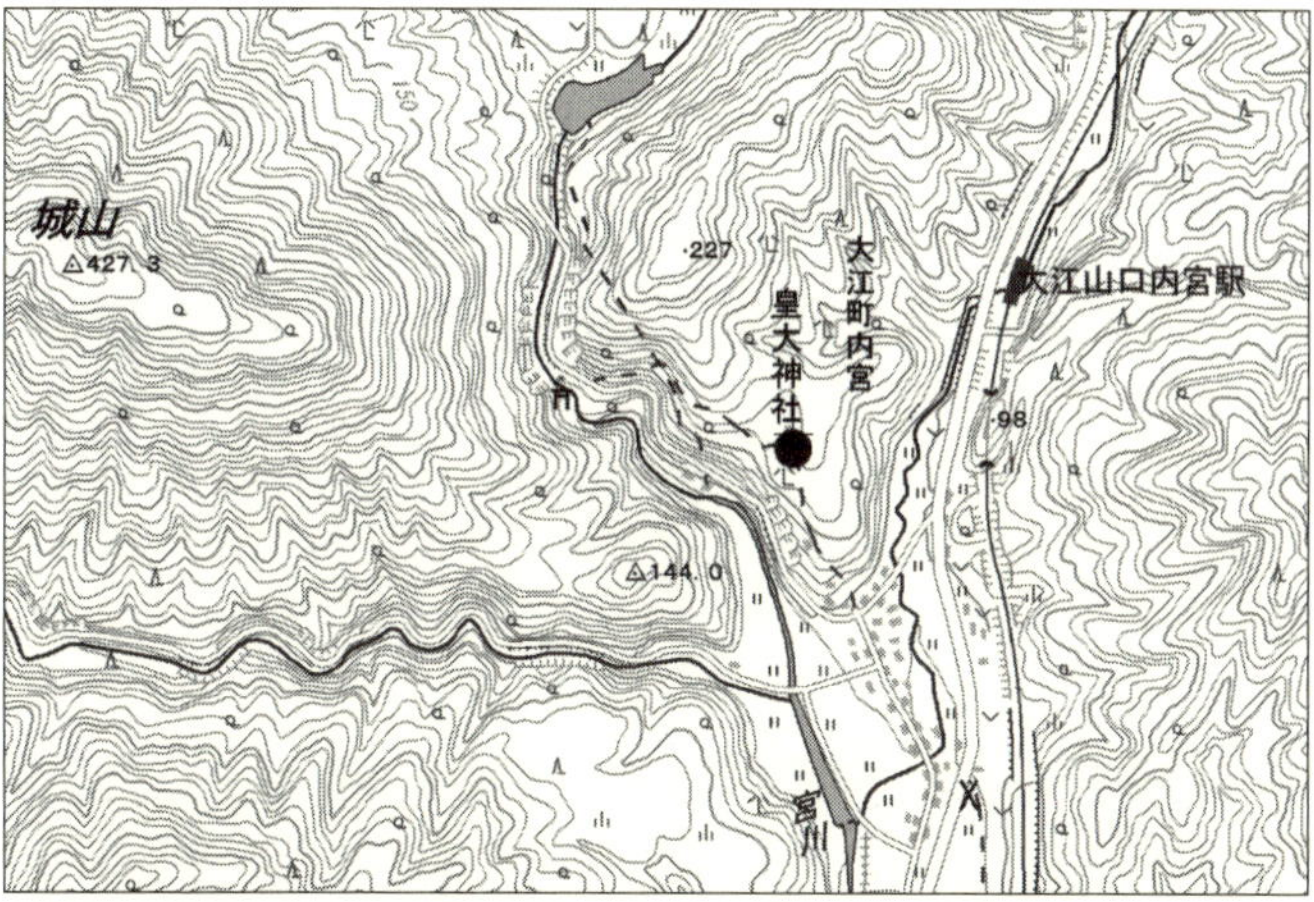

皇大神社の位置
（この背景地図データは、国土地理院の電子国土Webシステムから配信されたものである）

またしても一人置き去りにされた青彦は、白装束のまま地面に横たわっていた。体中スズメバチに刺され、苦しみに悶えている。

その姿を見た三五教の宣伝使・亀彦と英子姫は、松の小枝を手折《たお》り、青彦の前に座ると、天津祝詞を奏上した。そして次に、天《あま》の数歌《かずうた》を唱えながら先ほどの松の小枝を左右左《さゆうさ》と打ち振ると、それまで辺りを飛んでいたハチの群れはどこともなく姿を隠し、青彦の体の苦痛も静まってきた。

青彦がようやく頭を上げて辺りを見回すと、篝火《かがりび》に照らされた亀彦と英子姫の二人が、すぐ横に端座して、一心不乱に自分のために祈願を凝らしているではないか！

ウラナイ教は三五教を敵視しているのに、しかし彼らは自分のことを敵視するのではなく、

元伊勢内宮皇大神社（京都府福知山市大江町）

逆に自分の命を救うために必死に祈ってくれている。

ボスの高姫には裏切られ一人置き去りにされたのに、敵の三五教には命を救われた……！

青彦は起き上がると、大地に両手をついて、「あなたは三五教の宣伝使の亀彦さま、英子姫さま。危ういところをお助けいただき、お礼の申しようもございません」と嬉し泣きに泣き入った……。

その後、悦子姫に神懸った神霊（最初はニセの神懸りだったが、本当に神懸ってしまった）の神命によって、この地に神のお宮を建てることになった。

改心した青彦がその建築の棟梁となり、百日後に白木の宮殿が完成した。

これが今日に伝わる大江町の元伊勢内宮皇大《こうたい》神社の起源である。

この青彦は玉（如意宝珠）を奪い取った憎きウラナイ教の高姫一派の残党である。

はたして皆さんは、そんな敵のために祈ることができるだろうか？

しかし、その敵のために祈る態度が青彦の心を和《やわ》したのである。


私は過去にこういう体験がある。敵のために祈ったわけではないのだが、敵の心配をしたことで一命を取り止めた（？）体験だ。

『超訳1』の末尾のほうに簡単に私の半生を書いたが、世紀末を挟んで十年間、出口の見えないトンネルを歩くような、未来の見えない悶々とした日々を過ごしてきた。

自分が何をやって生きていけばいいのか分からずに、ずっとフリーターとしていろいろな仕事を経験してきた。交通量調査のアルバイトも何度もやった。道端でカウンターをカチカチ叩いて車の通過台数を調べる仕事である。

戸建ての家が建ち並ぶ、ある新興住宅地の中で調査したときのことだ。道端にイスを置いてカウンターをカチカチ叩いていると、すぐ近くの家から四十歳前後の男が出てきた。そして私の前に来て「交通量調査してるの？」と声をかけてくる。

「はあ、そうです」と何気なく答えたら、突然、その男はデジカメを出して私のことをバチバチ撮り出した。そして私を睨みつけ、ドスのきいた声でこう言うのだ。

「お前、○○組に頼まれてやってるんだろ?」

あまりにも突然のことで、唖然として私は何も答えることができなかった。

察するところ、その男もヤクザかチンピラの片割れで、○○組と揉めている最中のようだ。それで、抗争中の○○組が人を雇って、交通量調査のふりをして自分の家を監視しに来た、と勘違いをしたようである。

「いや、違いますよ、これは××市の仕事で……」

「バカヤロウ。こんな車の少ないところで交通量調査なんかするわけねえだろう」

知らない方のために書いておくが、交通量が少ないから調べないなんてことはない。「多い」「少ない」というのは主観的な感想であり、実際に何台通るのかという客観的なデータを取るために調査するのである。

男が睨んで詰め寄ってきたので、身の危険を感じた私はイスから立ち上がった。すると男はイスを持って遠くのほうにぶん投げてしまった。

いよいよただならぬことになってきた。

交通量調査をしていると、酔っ払いに絡まれたり、交通事故を目撃したり、いろいろな事件に遭遇するが、こういった人に絡まれるのは初めてのことだった。

さて、こんな場面に遭遇したら皆さんはどうするだろうか?

たいていは、逃げるか、戦うか、のどちらかである。その場を離れたり、通行人に助けを求めたりするのは「逃げる」である。また怒って言い返したり、110番したりするのは「戦う」である。

しかし私がとった態度は、どちらでもなかった。

その道路は交通量が少ないとはいえ、それでも朝の通勤時間帯だったので、ある程度、車が通っていた。狭い道路だったので、肩を怒らしているその男のすぐ後ろを車が通ろうとした、まさにそのときである。

私はとっさに「ああ、危ないですよ、後ろ」と言った。

その私の言葉に男は動揺したようだった。

男は突然、「お前のその立っているところに、うちのネコ埋めてあるんだよ。三匹埋まってるんだよ」と訳の分からないことを言い出して、家の中に入ってしまった。

私はかなり離れたところに位置を移動して仕事を続行したのだが、その後、あの男から文句は来なかった。

あのとき、もし私が慌てて逃げ出していたら「やっぱり○○組の回し者だな。ざまーみろ」と男は思っていたかも知れない。また、怒って刃向かっていたら、「やっぱり○○組かあ！

この野郎、どついてやるぞ」と言ってパンチを喰らわしたかも知れない。

なぜならそれは「敵」がとる当然の態度だからだ。

敵は「逃げる」か「戦う」か、どちらかである。味方だったら逃げも戦いもしないだろう。逃げたり戦ったりするのは「敵」なのであり、私がそういう反応をするだろうと想定して、男はいちゃもんを付けて来たのだ。

ところが実際は彼の予想に反して、車にぶつからないか彼の身の上を案じたことで、彼は私を「敵ではない」と感じたのではないだろうか？

自分の身を心配してくれる「敵」なんていないだろう。自分を心配してくれるのは「味方」である。それで誤解が解けたのではないだろうか？

私には何の落ち度もなかった。通り魔に遭ったようなものだ。まじめに仕事をしている最中に言いがかりを付けてくるのは「敵」である。こちらには何の非もない。しかしその敵を「敵」と思わないことが、世の中を和《やわ》してゆく秘訣の一つだと思う。

もっともそのときの私は、身魂が磨けていたからそういう態度をとったわけではなく、何となく言っただけなのだが……。

心の膿を吸う——初稚姫の場合

三五教の宣伝使は、改心した元・悪人や、他教からの改宗者が多い。しかし、なかには生まれたときから悟りを開いているような人もいる。

それが初稚姫《はつわかひめ》だ。

彼女はまだ十七歳の少女。「スマート」という名の狼のような愛犬をいつも連れている。単独で行動する場合が多く、宣伝使たちが危機に陥ったときにどこからともなく現われて、救いの手を差し伸べる。そしてまたいつの間にか姿を消してしまう……という、とても格好いい役柄である。

初登場は21巻。「お初」という六歳の少女として登場するが、自分の祖母のような年齢の高姫（ウラナイ教の教祖）を教え諭して、改心に導くというとてつもないことをやってのけるのだ。

実は初稚姫は普通の人間ではない。第一天国（天国の最上層のこと）の天人が現界に生まれて来ているので、人々を教え導いたり、救ったり、手本を示したりする。

ここでは「殴られて感謝する」「心の膿を吸う」という二つの短いエピソードを紹介しよう。

【巻章】24巻15章「諏訪湖」・同16章「慈愛の涙」
【場所】竜宮島《りゅうぐうじま》（オーストラリア大陸）
【登場人物】初稚姫（三五教の宣伝使）一行五人／玉依姫命《たまよりひめのみこと》（諏訪《すわ》の湖《うみ》に鎮まる女神）／

十五人の男たち

オノコロ島《じま》（日本）からやって来た初稚姫の一行五人は、竜宮島の「諏訪《すわ》の湖《うみ》」に向かう。その湖には玉依姫命という女神さまがいた。

一行五人は玉依姫命が保管している「麻邇《まに》宝珠《ほっしゅ》の玉」を受け取りに行ったのだが、竜宮島の西部には、いまだ三五教の宣伝がなされておらず、その宣伝が終わったら玉を渡すと玉依姫命から申し渡される。

ここで玉依姫命は次のように宣示した。

「……この神業《しんぎょう》を仕損じたら、今の妾《わらわ》の誓いは取り消すことになる。忍耐に忍耐を重ねて、人群万類愛善を命の綱と頼み、かりそめにも妬み、そねみ、怒りの心を発するな……」

そう教え戒められて、一行は島の西部へと向かって旅立った。

すると道中で突然十五人の男たちが現われて、初稚姫一行を襲撃するのだ。集団通り魔である。

男たちは五人を拳骨で徹底的に殴りつけた。何ともひどい話である。

……大野ケ原をエチエチと　金砂銀砂《きんしゃぎんしゃ》を敷き詰めし
道芝イソイソ進み行く　向うの方より馳《は》せ来たる
大の男が十五人　出会がしらに一行を
目がけて拳《こぶし》を固めつつ　所かまわず打ち据えて
一同息も絶え絶えに　無念の涙くいしばり
笑顔を作り言いけらく　心きたなき我々は
金砂銀砂の敷き詰めし　清き大地を進みつつ
心に恥じらう折柄に　何処《いづく》の方《かた》か知らねども
吾らが身魂を清めむと　心も厚き皇神《すめかみ》の
恵みの拳《こぶし》を隠《くま》もなく　汚き身体《からだ》に加えまし
有難涙に咽《むせ》びます　ああ諸人《もろびと》よ諸人よ
汝《なんじ》は吾らの身魂をば　研かせ給う御《み》恵みの
深くましますま真人《まさびと》よ　あゝ有難し有難し
これより心を改めて　足らわぬ吾らの行いを

補ひ奉り三五《あななない》の　神の教えの司《つかさ》とし
天地の神や諸人に　恥じらうことの無きまでに
身魂を研き奉るべし……

一同五人は、殴りかかってきた十五人の男に向かって合掌し、感謝して、嬉し涙に泣きくれた。

さすがに猛悪な通り魔たちも、この五人の態度に感動し、感激の涙を流しながら両手を合わせて大地にひれ伏して罪を陳謝した。


殴られて、感謝する——この感覚が理解できるだろうか？　不当なことをされたら、たいていは怒るだろう。しかし身魂磨きの旅においては、常に内省が必要である。身の回りに起きる出来事はすべて必然なのだ。

もし本当に通り魔に襲われたら——言うまでもなく、法的には通り魔が１００％悪い。通り魔は処罰されるし、治療費や慰謝料を請求すればいい。

しかしそれは法律上のことである。法律は「行為」の因果関係で、事の善悪を決める。だが人間は肉体だけでなく、霊魂のある存在だ。肉体は滅びても霊魂は生き通しであり、因果関係は現実界に生まれる前（つまり前世）から未来に至るまで、三千世界（神界、幽界、現界）を通して繋がっているのである。

とは言っても、霊界も含めた因果関係なんて警官にも裁判官にも分からないので、分かりそうな範囲、つまり現界での「行為」によって善悪を決めているのである。

三千世界を通した真の因果関係は神のみぞ知ることだ。


私は十代の後半の頃、犬に襲撃されたことがある。

オートバイでツーリングに出かけ、森林がある大きな公園で休んでいた。ベンチに腰掛けて缶コーヒーを飲んでいたら、突然、大きな犬が吠えながら襲いかかって来たのだ。

私は驚いて走って逃げた。缶コーヒーはひっくり返った。数十メートルも走ったら犬はどこかに行ってしまったが、これが野良犬だったら『チェッ、仕方ないな』で終わっただろう。

しかし少し離れた場所のベンチで、その犬と犬の飼い主らしき人物がいるのを目撃した。放し飼いにしていたので襲って来たのだ。

けしからん!!　私は怒った。『ぶん殴ってやろうか』と思った。——だが、思っただけだった。気の弱い私は、何も抗議することができずにそのまま帰宅し、心の中でずっと『クソ、あの野郎め』と恨み続けたのだ。

「世の中の一切万事の出来事は　神のよさしの経綸《しぐみ》と知らずや」

と王仁三郎は説く。何事も神の仕組なのである。

放し飼いの犬が襲いかかるという通り魔的な凶行に、一体どんな神の仕組が隠されているというのか？　それは――一つの解釈だが――私の「気が弱い」ということに問題があったのかも知れない。

子ども時代の私は、実に勇気のない軟弱な人間だった。自分の感情を表現することができずにいた。親に怒られても弁解できずに、悔しくて一人でシクシク泣いているような、そんな弱虫だった。

内省したら、『この事件はもっと勇気を持て、という神様からのメッセージではなかろうか』と気づくだろう。そう気づいたら、勇気を持って飼い主に抗議すればいい。しかし怒りに任せて抗議すれば、相手も逆ギレして口論になるかも知れない。いくら不当なことだからと言ってもいきなり怒鳴れば、相手だって素直に謝れないだろう。ケンカになるだけだ。

だがこれは神様から与えられた試練――勇気をつけるための訓練なんだと思えば、怒りも収まる。そうすれば相手に対して感謝の念すら湧いてくるだろう。冷静に抗議すれば、相手だって素直に非を認めて謝るかも知れない。缶コーヒーも弁償してくれるだろう。ケンカにならずにすむ。

こういうことも、いわゆる一つの身魂磨きの旅ではないだろうか。

とはいえ当時の私は王仁三郎に出会う前だったので、内省などせず、腹を立てたまま、今度会ったら怒鳴りつけてやろうと相手を恨み続けた。もっとも実際にはそんな勇気などなかったのだが……。


さて、この集団通り魔事件のあと、初稚姫一行にさらなる神からの試練が訪れる。


十五人の男はいつしかどこかに姿を消していた。

一行五人は感謝の祝詞を奏上して、再び焼きつけるような熱さの原野を歩き出した。

すると小さな祠《ほこら》の前に一人の男が何か祈願していた。見ると、何かの病気で、全身が化膿しており、顔も体も潰れて醜い姿である。

男は一行に話かける。

「私は病を患い、こんな見苦しい姿となってしまい、誰一人として相手になってくれる者がいません。若いときから体主霊従《われよし》の限りを尽くし、神に背いた天罰で、この通り、世間の見せしめにあっているのです。もはや一歩も歩くことができません……。

お前さま方が人を助ける宣伝使ならば、この病気をどうか癒して下さいませ。女の人の唇でこの膿汁を吸えば、病気が全快すると聞きました。どうぞお情けで助けてくれませんか」と懇願する。

男は体中から膿汁が流れ、臭気が漂っており、とうてい近寄り難かった。

しかし初稚姫はニコニコしながら、「おじさま、吸って癒えるのならば吸わせて下さい」と言って、足許の膿汁をチュウチュウと吸い出した。

吸っては吐き、吸っては吐く。他の女性二人も頭から、お腹から、膿汁をチュウチュウと吸い出した。男性陣二人は「女の人」と指定されてしまったこともあり、見るに忍びずうつむいたまま、一時も早く病気が癒えますように、と祈願を凝らす。

しばらくすると全身の膿汁を吸い出し終わった。

男は嬉しそうに、「ああ、いったい誰がこんな汚い体を、まるでわが子のように吸ってくれる人があるでしょうか。まったく有り難うございました」と礼をして、足も軽やかに去っていった。

宣伝使というのは、こういうこともしなくてはいけないのだ。なかなかつらいが、これも身

魂磨きである。

この男の病は、肉体的な病気ではなく、精神的な病気だと考えると分かりやすい。

皆さんは誰かに言葉汚く罵られたことはないだろうか？　あるいは自分自身が、他人を罵倒したことはないだろうか？

それは心が病で化膿しているからである。膿んでいるところを触れられたから、痛くて怒っているのだ。罵倒したり、罪を責めたり、嫌みや恨み言を言ったり……それらは、すべてそうである。その人が傷ついている証拠だ。その心の膿を吸って吸って吐き出してあげることができるだろうか？

自分を厳しく罵るその言葉をすべて受け入れ、膿んだ心の奥底まで吐き出させてあげれば、その人の病はきっと癒えるに違いない……。

初稚姫は外見は十七歳の若い女子なのだが、宣伝使の先達として、常に模範的な姿を見せてくれる、そんなすごい人だ。私も初稚姫のようになりたいと思う。

こちらから喰わせてやる――虎穴問答

霊界物語のテーマは「言向け和す」だが、王仁三郎の人生のテーマももちろん「言向け和す」だった。

国家権力から二度の大弾圧を受けたが、特に昭和十年（一九三五）の第二次大本事件は、近代日本宗教史上最大と言われる宗教弾圧だった。数百人の武装警官隊が聖地を襲撃、全国で三千人もの信者が取り調べを受け、拷問により十数名が死亡し、二つの聖地はもとより全国の大本の施設が破壊され、以後一切の宗教活動が禁止されるという徹底したものだった。〔『超訳1』69〜71頁参照〕

これほどの攻撃を受けながらも、王仁三郎は「言向け和す」の精神で帝国政府に立ち向かっていったのである。

その姿勢がどういうものなのかがよく分かるエピソードがある。二審法廷で裁判長に被告・王仁三郎が語った「虎穴《こけつ》問答」である。

当時の裁判制度は現代と異なり、まず地方裁判所の判事が被告を取り調べ、予審調書というものを作った。一審ではその予審調書の内容を認め、無期懲役の判決が下されたが、二審では王仁三郎は、この予審調書は捏造だと言い出し、全面否定したのである。

二審の裁判長は公判の中で、そのことについて王仁三郎を追求した。

王仁三郎「予審調書は予審判事の創作です。私が言うことは一つも採り上げてくれず、鼻歌を唄うような調子で勝手に書き上げてしまったのです」

裁判長「王仁三郎、お前は予審調書の終わりに自分で署名し捺印しているね。その署名捺印の前には『右録取し読み聞けたるに本人承認し署名捺印したり』と書いてあるね。分かっているか」

王仁三郎「それは分かっていますが、署名捺印せねば通してくれません」

裁判長「お前も大本教という数十万の信徒を有する宗教の管長様（注・教主の意）じゃないか。なぜ気にいらない調書ならば徹底的に争わぬか」

王仁三郎「そんなことをしていたら、しまいに殺されてしまいます」

裁判長「たとえ殺されても、そこが管長様じゃないか。気にくわぬ調書には絶対に判をつかぬという範を人に示さねばならぬ身分じゃないか」

王仁三郎「私はそんな闇から闇へ、何のために死んだのか訳の判らぬような屠《ほう》むられ方はいやです。公判で言うだけのことを言って、聞いてもらうまでは無闇に死にたくはありません」

裁判長「それでは訊ねるが、この事件は結社の組織罪が問題になっていて、お前がその結社の首魁《しゅかい》ということになっているのだよ。たとえ死んでも首魁のお前が結社を認めさえしなかったら、部下の被告等は助かったかも知れんじゃないか。自己を犠牲にしても人を助けるのが宗教家の本領じゃと私は思う。お前の答弁を聞いていると、自分が助かりたいために、部下を抱き落としにかけても構わぬというやり方のように聞こえるが、それでも宗教家としてよいのか」

王仁三郎「裁判長、私の方からちょっとお訊ねしたいのです。禅宗の問答に『人虎孔裡《にんここうり》に墜《お》つ』と言うて、一人の人間が虎の棲んでいる穴へ誤って落ち込んだと仮定して、その時落ち込んだ人はどうしたらいいのかという問答があります。裁判長、あなたはこれをどうお考えになりますか」

裁判長「私は法律家で宗教家ではないから、そんなことは分からぬ。どういうことかね」

王仁三郎「人間より虎の方の力が強いから、逃げようと後ろを見せると、すぐ跳びかかって来て噛み殺される。刃向かって行ったら、くわえて振られたらモウそれっきりです。ジッとしていても、そのうち虎が腹が減って来ると喰い殺されてしまう。どちらにしても助からないのです」

裁判長「それはそうだろうな」

王仁三郎「ところが、一つだけ生きる途《みち》があります。それは何かというと、喰われてはダメだ、こちらから喰わしてやらねばなりません。喰われたら後に何も残らんが、自分の方から喰わしてやれば後に愛と誇りとが残る。その愛と誇りを残すのが、宗教家としての生きる道だ、というのがこの問題の狙いなのです」

すると裁判長は「その点はモウそれでよろしい」と追及を打ち切ってしまった。

［出口榮二著『大本教事件』227～229頁から引用（一部の語字修正）］

王仁三郎はこの禅問答で、弾圧した国家権力を虎にたとえ、王仁三郎を虎の穴に落とされた人にたとえて説明した。

虎に対して、戦っても逃げてもダメ。何もせずにジッとしていてもダメ。それは動物がとる態度である。実際ほとんどの人は、戦うか、逃げるか（怯えてジッとしているのは屈服であり、「逃げる」に含まれる）のどちらかだろう。

しかし神の霊が止《とど》まる霊止《ひと》としては、別の選択肢がある。それを王仁三郎は「こちらから喰わせてやる」と表現したのだ。

これは国家権力と対峙するときだけでなく、自分にはどうすることもできない巨大な運命の波に襲われたときの向き合い方でもある。

戦うのでなく、逃げるのでもない。それを「受け入れる」とでも言えばいいのだろうか？

戦ったり、逃げたりしている間は、それを「受け入れていない」。どんなことであれ受け入れたときに初めて、それとわかち合う友達になることができる。

これが「喰わせてやる」ということなのだと思う。

コラム

元伊勢内宮皇大神社と比沼麻奈為神社

天照大御神《あまてらすおおみかみ》を祀る伊勢神宮は、現在の伊勢の地に鎮まる前に何度か場所を転々と移動してきた。その跡地を「元伊勢」を呼び、近畿地方に何十カ所も比定地がある。有名な元伊勢としては宮津市の籠《この》神社がある。

京都府福知山市大江町にある皇大《こうだい》神社も元伊勢の一つだ。霊界物語の16巻16章「神定の地」では、その起源が記されている。

その神社の横を流れる谷川（宮川）に「産釜《うぶがま》」「産盥《うぶだらい》」と呼ばれる岩壁の水壺がある。古来からその水は汲み取り禁制なのだが、明治三十四年（一九〇一）出口ナオに神示が降りて、「世界を一つに致す経綸《しぐみ》の御用」のため産釜・産盥から水を汲んでくるという御神業が行われた。これは「元伊勢お水の御用」と呼ばれている。

その水は綾部の聖地の井戸（金明水、銀明水など）に注がれたあと、出口ナオによって舞鶴沖の沓島《くつじま》・冠島《かんむりじま》の間の海（竜宮海と呼ぶ）に散布された。そして同じ年、出雲から持ち帰った水を、元伊勢のお水と金明水のお水と一緒に、出口ナオが再び竜宮海に注ぎ込んだのだが、このとき

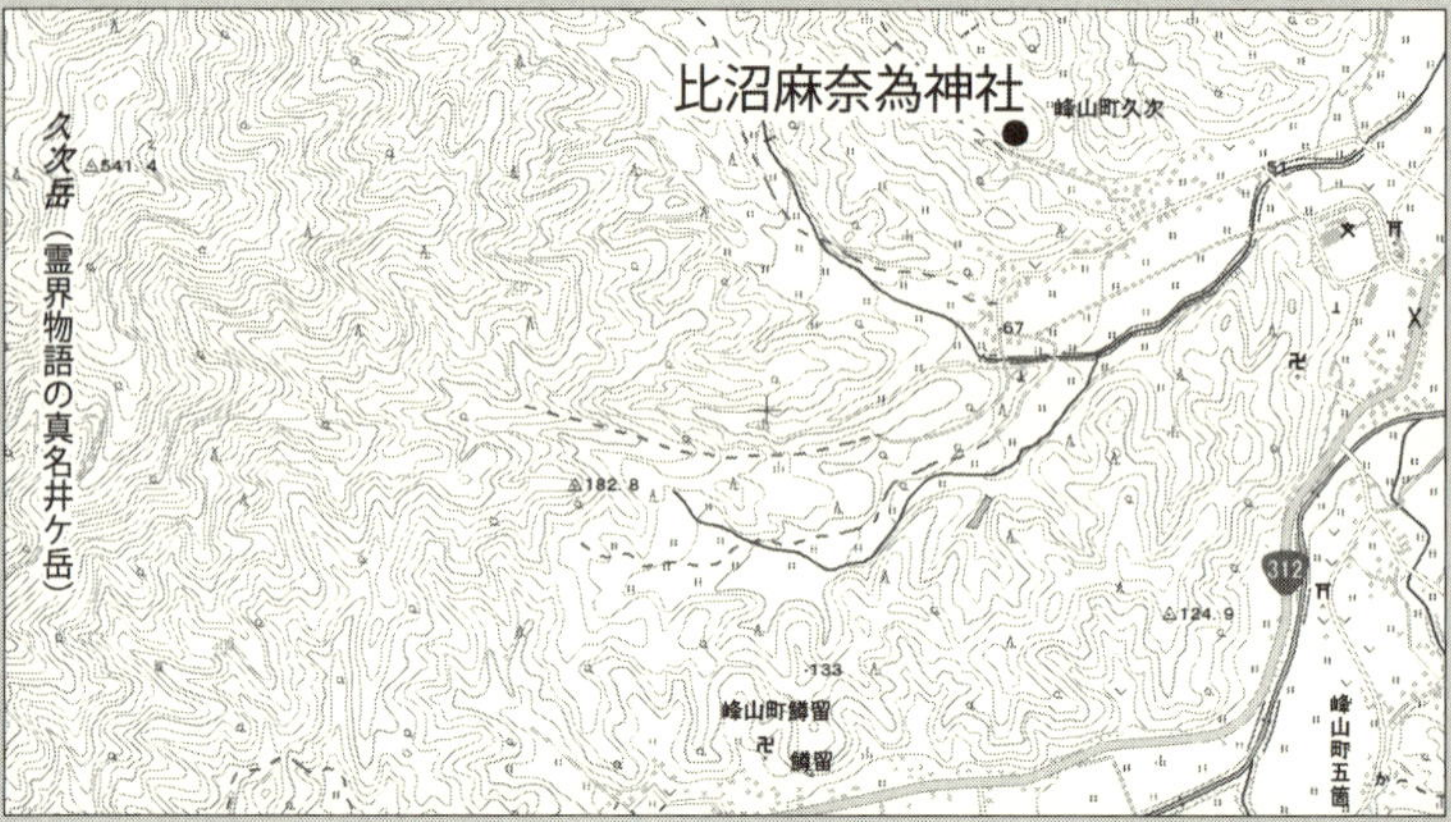

比沼麻奈為神社の位置
（この背景地図データは、国土地理院の電子国土 Web システムから配信されたものである）

ナオは「この水が三年経てば世界中に廻る。そうしたら世界が動き出す」と言った。

するとその予言通り、三年後（明治三十七年）に日露戦争が起こり、日本が勝利して一躍世界の檜舞台に躍り出た。世界が大きく動き出したのである。

元伊勢（内宮）に対して元外宮というのもある。豊受《とようけ》大神を祀る伊勢神宮外宮の、元の鎮座地である。やはり何カ所か比定地があるが、霊界物語には丹後半島の比《ひ》沼《ぬ》麻《ま》奈《な》為《い》神社（京丹後市峰山町久次）の起源が出てくる。社地の山中に磐座があるのだが、それも「瑞《みづ》の宝座」という名前で登場する。宣伝使の悦子姫がその磐座の上で舞を舞うのだ。〔17巻6章「瑞の宝座」〕

本書第4章で「丹波村の平助一家の物語」を紹介するが、そこに出てくる悦子姫の一行は、この磐座

久次岳（霊界物語では真名井ケ岳）の山中にある磐座

比沼麻奈為神社の鳥居

がある真名井ケ原を目指して歩いている。

　このように丹波・丹後地方には、霊界物語の舞台となる「ご当地」がたくさんあるが、皇大神社と比沼麻奈為神社は、ぜひとも行っておきたいスポットの一つだ。

第3章

宣伝使に襲いかかる熱く厳しい試練の風波

宣伝使の身魂磨きの旅は試練、試練の連続だ。霊的なステージを上昇するための試験・訓練である。

宣伝使たちは神から与えられた試練を三五《あななない》の教えを生かして乗り切っていく。しかし時には生かせないで失敗することもある。

この章では宣伝使の試練の旅のエピソードをいくつか紹介する。

あなたも登場人物になったつもりで読んでいただきたい。

〝にわか〟宣伝使の熱烈な信仰——蛸取村の猿世彦

宣伝使になるにはどうしたらいいのか？

何も特別な学校や修行場で学ぶわけではない。人生のすべてが学校であり修行場であり、入学条件は自分の意志だけである。

先輩宣伝使に師事し、弟子として一緒に旅を送る場合もあるが、最初から一人旅をしながら宣伝使として成長してゆく人もいる。

8巻に出てくる猿世彦《さるよひこ》は「俄《にわか》宣伝使」と呼ばれている。見よう見まねの自己流で神の教えを宣伝をしながら一人旅する〝なんちゃって〟宣伝使だ。三五教の信者になったばかりで教えはよく知らないが、神を祈ることにかけては一生懸命。

猿世彦が説く教えは矛盾、脱線だらけだったが、信仰心が強いため自信満々、堂々としゃべる。神はその情熱のこもった信仰心に誠意を感じて、彼に神徳を授けていた。

現在の南米は、霊界物語では「高砂島《たかさごじま》」と呼ばれており、8～9巻、29～33巻、69巻で高砂島が舞台として登場する。

また日本列島は世界の五大陸の雛型であり、南米大陸は台湾島に相応する〔『超訳1』102～103頁参照〕。そのため台湾も高砂島と呼ばれている。

南米高砂島には次のような国がある。

・智利《テル》の国――チリ
・珍《ウヅ》の国――アルゼンチン
・秘露《ヒル》の国――ペルー
・巴留《ハル》の国――ブラジル
・カルの国――コロンビア

南米高砂島の国々

【巻章】8巻7章「蛸入道」・同8章「改心祈願」
【場所】智利《てる》の国の蛸取村《たことりむら》
【登場人物】猿世彦（三五教の自称宣伝使）／漁師数人

高砂島（南米）の智利の国（チリ）に上陸した猿世彦は、海辺の村々を南へ向かって歩いていった。禿げてテカテカ光っている頭から湯気を立たせ、力一杯、甲高い大声で宣伝歌を歌いながら歩いていく。

ある漁村で漁師たちが猿世彦の姿を見て噂話。

「この間から風の塩梅で全然タコが獲れずに困っていたが……オイ、向こうから大きなタコが一匹歩いてくるゾ。あれを生け捕りにして料理でもしたらどうかなア？」

「シー、聞こえるぞ。聞かれたら逃げてしまうぞ」

「構わん構わん。——オイ、蛸入道、貴様のタコのような頭を俺にくれないか」と酒に酔っているのか猿世彦に絡み出す。

猿世彦は受けて返した。

「タコを差し上げたいのは山々ですが、一つしかないこのタコ頭、残念ながら差し上げるわけにはいきません」

漁師はいらだって、

「何をグズグズ言っているんだ。くれんならくれんでもいい。こっちから皆で寄ってたかって釣ってやるゾ」

「それは結構です。めいめいでお釣りなさい。タコが釣れるように祈ってあげますから」

「お前が祈る？　これだけ全然獲れないタコが、釣れるもんか」

「そこが神様。釣りに行くのが面倒くさいなら、お前さまもワシと一緒に声を合わせて宣伝歌を歌いなさい。タコはヌラヌラと海から勝手に這い上がって、お前さまの持っている笊《ざる》の中に入ってくれる」

勝手に笊の中に入るなんて常識ではあり得ないが、猿世彦は口から出任せにそんなことを言ってしまった。しかし自信たっぷりに言われたら、そうかな？　とつい信じてしまう。

「おい、タコの親方、本当にお前の言う通りにすれば、タコが上がってくるのかい？」

別の漁師も、「そりゃそうだろう、タコの親方が言うんだから、タコの子分が出てこないはずがあるか。もしもし、タコの親方、早くタコを呼んで下さいよ」と言う。

すると猿世彦は海面に向かい、甲高い声を絞りながら宣伝歌を歌い始めた。漁師たちもそのあとに続けて合唱した。

やがて海面にはところどころに丸い渦を描いて、タコの頭がボコボコと現われてきた。猿世彦は「お出で、お出で」とタコに向かって手招いた。するとタコは笊の中に勝手に飛び込んでゆく。

このことが漁師仲間の評判となり、猿世彦は尊敬されるようになった。そして名前を「狭依彦《さよりひこ》」と改めて、三五教の教えをこの地方の人々に宣伝するようになった。それからこの村は「蛸取村《たことりむら》」と名付けられた。

勝手にタコが海から上がって笊の中に入ってくれるなんてバカバカしい話だが、これは「想ったことは実現する」ということを説いているエピソードではないだろうか。

猿世彦の口から出任せの言葉を漁師たちは信じたが、それがタコが上がってくるという奇蹟に繋がっている。現実にそんなことが可能かどうかは別として、人間の想念が現象となって現われてくることは、今や成功哲学や精神世界を学ぶ人にとっては常識と言ってもよいだろう。

ナポレオン・ヒルは「思考が現実化する」と言い、ジョセフ・マーフィーは「良いことを思えば良いことが起き、悪いことを思えば悪いことが起きる」と言う。王仁三郎の言葉で言うと「霊主体従《れいしゅたいじゅう》」ということである。何事もまず現象（体）より先に想念（霊）が来るのである。

想念と言っても、単に頭に思い浮かべるだけでそれが現実化するほど、世の中あまくはない。信念とか信仰と呼べるほど強固なものに育ててゆく必要がある。

世間にはさまざまな宗教があり、いろいろな教えを説いているが、実は教えというものは、信じさせるための方便と言ってもいいかも知れない。確信を持たせるために、もっともらしい神話や理論でデコレーションしているのだと言える。教義・教理というのは枝葉の問題であって、その向こう側にある信仰とか信念というものこそが重要であると思う。

私が神の存在を信じるようになったのは、二十代のはじめ頃からだ。それ以降は一貫して神を信じ続けているが、表面的な思想（つまり教義・教理）はめまぐるしく変化している。

王仁三郎を知る前はキリスト教に没頭していた時期もあるし、王仁三郎を知ってからも、その思想は変化している。しかし私は一貫して神を信じ続けてきた。

そもそも思想というものは、知識や経験に左右される。だからと言って知識や経験が豊富でなければ、正しい信仰を持つことができない……なんてことはない。知識はやたら多いけれど、その行動は神の道に外れている、という人はたくさんいる。知識と信仰は別のものである。

学問が未発達だった時代にも、素晴らしい信仰を持っていた人はたくさんいたはずだ。教えを知っている人が立派な信仰者……ではないのである。霊界物語や聖書・仏典を読まなくても、立派な信仰は持てるのである。

猿世彦は三五教の教えをよく知らなかったが、信仰心は強かった。知識はなくても、その自信たっぷりの確信した態度に、漁師たちも信じこんだのだ。

こんなふうに宣伝使は、知識で伝えるだけでなく、態度で伝えるという方法も使う。


余談だが、インターネットで「狭依彦」というハンドルネーム（ネット上でのニックネーム）で活動している人がいる。「うろー」というサイト（http://urooni.hustle.ne.jp/）を運営していて、霊界物語をはじめ、王仁三郎関係文献の検索データベースを設けているが、知りたい箇所がたちどころに知れてとても便利だ。本書もこのデータベースがなければ書くことができなかった。


さて、話は戻るが、この蛸取村の猿世彦のエピソードには後日談がある。

猿世彦改め狭依彦は、蛸取村から数キロ離れた「アリナの滝」のさらに川上にある岩窟を拠点にして三五教の宣伝活動を行っていたのだが、後世、そこにインチキ宗教が開教された。

インチキ宗教でも信仰は本物――懸橋御殿《かけはしごてん》のアール

【巻章】29巻1章「アリナの滝」・同2章「懸橋御殿《かけはしごてん》」
【場所】智利《てる》の国の鏡の池
【登場人物】鷹依姫《たかよりひめ》（三五教の宣伝使）／竜国別《たつくにわけ》（三五教の宣伝使、鷹依姫の息子）／鷹依姫の部下二人／アール（テーナの里の酋長）

狭依彦が帰幽（死んで霊界に帰ること）してから歳月が流れた。

オノコロ島（日本）から宣伝使一行四人がテルの国を訪れ、狭依彦が教えを説いていた岩窟の中にやってきた。鷹依姫、竜国別たち四人である。彼らは高姫に命じられ、失われた宝玉「黄金の玉」(注4)を探しに南米にやって来たのだ。

岩窟の中に「鏡の池」という直径三メートルほどの小さな丸い池があった。昔ここで狭依彦が禊をして、人々に洗礼を施し、三五の教えを説いた旧跡である。鷹依姫は黄金の玉を探すため、ここにインチキ宗教を開くことにした。

鷹依姫は岩窟の奥深くに潜んで生き神様を演じる。竹筒を口に当てて、拍子の抜けた声で神示を告げる役だ。また息子の竜国別は、岩窟の外にいて神示を伺う審神者となり、生き神様だと信じるように人々を上手く騙した。そして部下の二人を巡礼者に扮装させて南米各地を宣伝に回らせた。

「このたびテルの国の鏡の池の岩窟に、月照彦神《つきてるひこのかみ》が現われた。いかなる玉でも鏡の池に献上する者には、富と長寿を与え、あらゆる災難から守って下さる。

玉を持っている者は誰でも、一日でも早く鏡の池に持参せよ。特に黄金色の玉は、神が最もお喜びなさる……」

もちろんインチキの教えだが、素朴な高砂島の人々はそれを真に受けて信じてしまい、先を争って玉を鏡の池に持っていった。一年も立たずに何百という数の玉が集まったが、目当ての黄金色の玉は一つも集まらない。

あるとき、ヒルの国（ペルー）の「テーナの里」の酋長アールが、先祖代々より神宝として受け継いできた黄金色の玉を献上してきた。

鷹依姫はニセの月照彦神となり、アールに「ここに永住して月照彦神の神司《かむつかさ》となって万民を救いなさい」と命じる。

そして四人は、この黄金色の玉を持ってソクサと逃げ出してしまった。鷹依姫はその玉が、お目当ての「黄金の玉」より小さい感じがしたのだが……しかし早くオノコロ島に帰りたくて、目の錯覚だろうと無理に自分に言い聞かせたのだ。

あとに残された玉筥《たまばこ》には、黄金色の玉の代わりに瑪瑙《めのう》の玉が入っていた。

だがアールはそれに気づかず、その玉を月照彦神の御神体として奉斎し、神主として神前に仕えた。すると全国から大勢の参詣者が集まり、身動きできないほどになった。そこで谷の上を塞ぐ形で神殿を造り、それを「懸橋御殿《かけはしごてん》」と呼ぶようになった。

毎晩、丑三つ時に神殿で怪しい物音がするため、ある夜、アール夫妻は神前に座って待ち構えていた。

すると神殿の床下から怪しい煙がボーッと立ち昇り、タコのような禿げ頭の男が煙の中から現われた。その怪物は涼しい声で、

「我こそは狭依彦神《さよりひこのかみ》である。

一年前に鷹依姫、竜国別らが鏡の池の岩窟にやって来て、玉集めをし、汝《なんじ》の大切な玉を奪い取っていった。玉筥《たまばこ》の中は、瑪瑙の玉とすり替わっている。我はこのことを汝に知らせるために夜な夜な出現していたのだ」

真実を知らされたアールだったが、少しも驚かずに

「ご親切は有り難いことでございますが、何事も因縁づくとあきらめております。たとえ黄金の玉が瑪瑙の玉に変わったとしても、少しも苦しくはございません。月照彦の御神霊が懸《うつ》らせて下さったからには、たとえ団子石の玉でも、私にとってはそちらのほうがはるかに大切です。黄金の玉には少しも執着はありません」

狭依彦の神霊は、「実に感じ入った、その方の心がけ。それでこそ三五の教えは天下に広まり、万民を救うことができるだろう。汝の神業を助けよう。決して疑わないように」と言うと、煙がパッと立ち昇り姿を消した。

その後、月照彦神の霊力と狭依彦の守護と国魂神の威徳によって、懸橋御殿は日に月に神徳輝き、アール夫妻はついに南米中に盛名を馳せることとなった。

（注4） 黄金の玉……霊界物語にはたくさんの宝玉が出てくるが、これは三五《さんご》の玉の一つである『超訳1』117頁参照」。

懸橋御殿で開かれた宗教は、もともと教祖が玉集めのためにつくったインチキ宗教である。

御神体も黄金色の玉ではなく別の玉にすり替えられてしまった。そんなインチキ宗教は信じてもあまりご利益がなさそうだ。

しかし神は懸橋御殿に神徳を与えた。神司《かむつかさ》アールをはじめ、信者たちのその信仰に対する想いに熱意と誠実さを感じたのだ。

「イワシの頭も信心から」と言うように、信じる気持ちこそが重要だ。イワシや玉を信じるのではない。それを通して、形のない神を信じるのである。形ある宝や教義は、信じさせるための方便であると言ってもいい。

とはいえ、あまりにも幼稚すぎる教義や、それこそイワシの頭を信じることはできないので、一応もっともらしい教義や御神体は必要である。そのために教義・御神体・祭儀といった形を整える必要がある。

だが、どんなに優れた教えや宝物を持つ宗教でも、物欲や快楽に耽り、憎悪や嫉妬を日常とする信者が多いことを考えると……やはり形よりも中味こそが重要だということが分かるだろう。

キリスト教や仏教や大本といった宗教が、たとえ正しい神の啓示によって誕生したのだとしても、現実にキリスト教徒や仏教徒が長い歴史の中で繰り返してきた戦乱・殺戮の数々を思うと、「誰が創始したのか」という問題と「実際に信者がどういう信仰を持っているのか」という問題とは、別問題であるということがうかがえる。

たとえ教祖が詐欺師のインチキ宗教であっても、それを通して真の神と繋がり、真の信仰を持てばよいのだということが、この懸橋御殿のエピソードには示されている。

インチキ宗教・悪徳宗教だからと言って、いくらバッシングしても、信者が信仰を持っている以上は、消滅することはまずあり得ない。むしろバッシングすればするほど、信者の結束が深まり、信仰が強固となる。逆効果である。

霊界物語45~46巻には、三五教の宣伝使・松姫が特命を帯びて、悪徳宗教のウラナイ教の本部に潜入し、出世してウラナイ教の教主となり、内部から宗教改革をする物語が書いてある。

宗教を変えなくても、信仰の在り方を変えればいいのだ。

不言実行——天の真浦の場合

ここでは三五教の教えの一つ「不言実行」のエピソードを紹介する。

「不言実行」とは「あれこれ言わずに（善いと信ずるところを）黙って実行すること」（『広辞苑』）である。たとえば仕事などで、ごたごた文句や能書きを垂れずに、やるべきことをサッサとやる、ということだ。

口ばっかり達者で全然動かない人（有言不実行）もいるが、そういう人を非難するときに「不言実行が大切だ」と言ったりする。

一般に使われている「不言実行」とは「言わずに黙ってやる」という程度の意味であるが、三五教の教えとしての不言実行は、もっと深い意味がある。

「言わずに実行する」というよりは、むしろ「思ったことをすぐ実行する」と言ったほうが分かりやすいかも知れない。


舞台は日本の近畿地方。日本における三五教の本拠地を「綾《あや》の聖地」の「錦《にしき》の宮」（綾部の大本の聖地に相応）と呼ぶが、そこから旅立った宣伝使・天《あめ》の真浦《まうら》がこのエピソードの主人公である。

不言実行のエピソードの前に、別の短いエピソードが入っているが、まずそこから読んでみよう。

【巻章】20巻1章「武志《たけし》の宮」
【場所】宇都山郷《うづやまごう》
【登場人物】天《あめ》の真浦《まうら》（宣伝使）／秋彦、駒彦（宣伝使）／松鷹彦《まつたかひこ》（武志の宮の宮司）／お竹（松鷹彦の妻）

紀伊半島の大台ケ原で木樵《きこり》をしていた天の真浦は、錦の宮が建造されて神徳が四方に輝いているという噂を聞くと、木樵を廃業して錦の宮を訪ね、三五教の宣伝使となった。

まだ宣伝使になり立ての「宣伝使補」として、天の真浦は神教宣伝の旅に出る。宇都山郷（現在の京都市右京区京北下宇津町の辺りか?）に現われたバラモン教の友彦を言向《ことむ》け和《やわ》すためだ。この旅は天の真浦の宣伝使としての初陣だった。（本書74頁の「丹波地方の地図」を参照）

道行く人も見えないほどの粉雪の中、一人で峠を越えて歩いてゆく。

途中で、秋彦と駒彦という二人の宣伝使と出会う。そして松鷹彦という地元の老人の案内で、バラモン教の友彦の館に向かって進んでゆく。

すると崖っぷちで突然、秋彦と駒彦の二人が天の真浦を抱きかかえ、十数メートルもの崖下に突き落とした。

松鷹彦は目を丸くし、

「コレコレ！　お前たちは何という乱暴なことをするのだ⁉　世界の人々を助けて天国へ救う役でありながら、こんな崖の上から突き落とすということがあるものか！」

秋彦は、

「お爺さま、ご心配はいりません。身魂《みたま》調べのために我々二人は来たのです。錦の宮の教主・言依別命《ことよりわけのみこと》さまのご命令で、あの男を修業させに来たのです」

そして崖下の天の真浦に向かい尋ねる。

「モシモシ、真浦さま、どうだ、ご気分はよろしいか？　どこもお怪我はございませんか？」

「ハイ、ありがとう。無事、着陸いたしました」

突き落とされた天の真浦は何も怪我をせず、高く積もった雪の上に座り、ニコニコとして三人を仰ぎ見ている。

ポカンとして見ている松鷹彦に秋彦は、

「ここで腹を立てるようなことでは、宣伝使の資格がありません。言わば我々は宣伝使の試験委員です。これであの男も立派な宣伝使になりました」

「し、しかし、こんな絶壁から突き落とされては、どうすることもできないだろう。何とかしてここまで救い上げてやらなければ……」

「何もご心配はいりません。獅子は子を産んで三日目には谷底に棄てて、這い上がってきた奴をまた突き落とし、三遍目に上がってきた奴を初めて自分の子にするそうです。こんなところから一度や二度、突き落とされてヘコ垂れるような奴ではとうてい務まりません。悪魔が栄える今の世の中で宣伝使にはなれないでしょう。上がってきたら、また突き落とすつもりです」

「そ、それは、あまりに残酷じゃないか。早く助けてあげなさい」

「そんな憐《あわ》れみはかえってあの男を憎むようなものです。かわいいからこそ、この断崖から突き落としてあげたのです」

「何とも妙なかわいがり方もあるものだなア。ワシもこんな年だが、そんな愛は聞いたことがない」

そう言いながら、松鷹彦は不思議そうに崖の下をのぞきこんでいる。

秋彦と駒彦はその場を立ち去り、それぞれ次のミッションに向かって雪道を進んでいった。

皆さんは、人生において崖の下に突き落とされる経験をしたことがあるだろうか？

『超訳1』〔244頁参照〕に書いたが、私も深い谷底に突き落とされたことがある。

自分が何をやって生きて行けばいいのか分からずに、世紀末を挟んで十年間、出口の見えない真っ暗なトンネルの中を延々と歩き続けた。どうやって抜け出したらいいのか、まったく分からなかった。さすがに私は天の真浦のように、とうていニコニコとはしていられなかった。「おれの人生を返せ」と神を恨んだこともあったが、やがて気負いがなくなってゆくと、神に感謝できるようになった。「試練を与えて下さり、ありがとうございます」と。

「ピンチこそ最大のチャンス」とはよく言ったものだ。危機を乗り越えれば、そこには必ず新境地が開かれる。次元上昇できる。

出口王仁三郎の人生にも、何度も何度も危機が訪れた。特に第二次大本事件は、エベレストの頂上からマリアナ海溝の谷底に突き落とされたようなものだろう。

その後、もはや立ち直れないと思われた大本を、王仁三郎は「愛善苑」として新しく甦らせた。

苦難は神様の愛である。

はたして、あなたはそう感じることができるだろうか？

このエピソードでもう一つ注目したいのは、崖から突き落とす役目を持った人もいる、ということだ。突き落とされても、その人を恨むのではなく、感謝できるようになったら、宣伝使の試験に合格である。（誤解のないように書いておくが、あくまでそれは信仰上のことであり、法律上は突き落とした人が犯罪者として処罰されるのは言うまでもない）

天の真浦はようやく遠回りをして元の場所に上がってきた。そして雪の上に点々とついている足跡を追って歩いてゆく。

しばらくすると大きな川の畔に出た。川の土手には小さな家が建っている。

真浦は「ご免下さい」と言って中に入ってゆくと、見たことのある老人が、老婆と二人でお茶を啜っていた。そこは先ほどの老人、松鷹彦の家だった。

「ヤア、お前さんは突き落とされた、あの宣伝使。よく来て下さいました」と、白いヒゲが胸まで垂れた松鷹彦は嬉しそうに出迎えた。

松鷹彦はもともと三五教に入っていたが、そのときの宣伝使があまりにもデタラメだったので愛想が尽き、バラモン教に乗り換えた。しかし腑に落ちないところがあるので、今度はウラナイ教に入ったが、とたんに病気にかかり死ぬ目に遭ったので、再び三五教に戻ってきた。今は地元の「武志《たけし》の宮」というお宮の宮司をしている。

真浦は松鷹彦に、三五教の教えの眼目を教えてくれと頼まれる。宣伝使になったばかりでよく知らないのだが、リクエストに応える。

「私が知っていることの大体だけを簡単に申しますれば……

一、世界を神の慈愛の教えによって、道義的に統一し、世の立替立直しを断行すること。
一、なし得る限り神様の道を宣揚し、体主霊従の物質的教えに心酔せざるよう教えること。
一、いかなることも神様にお任せ申し、自分の我を出さずに、なし得る限り道によって力を尽くすこと。
一、天地神明の鴻恩《こうおん》を悟り、たとえいかなるときでも、感謝祈願の道を忘れないこと。常に謙譲の徳を養うこと。
一、いかなる難儀に遭うとも、誠の道のためならば少しも恐れず、誠をもって切り抜けること。
一、社会のために全力を尽くし、天下救済の神業に奉仕すること。

……などをもって、我々は宣伝使の尽くすべき職務と確信しております。しかし、なかなか思ったように行いができないので、神様に対していつも恥じいっておる次第でございます」

「なるほど、それで大体のご主意が分かりました。……その実行さえできれば、この宇都山郷の里人もみな三五教に帰順するでしょう。どうぞ武志の宮の社務所にとどまって、不言実行の手本を見せて下さい。それが第一の宣伝になります」

「有り難うございます。よろしくお願いいたします。私の初陣として、あなたのご病気の全快を神様に祈らせて下さいませんか」

「それはぜひとも頼みたい。——しかしながら不言実行だ。わざわざ『願わせて下さい』などと言うのが間違っている。まだお前さまは名誉欲の魔が憑いていますな。右手より施すものを左手が知らないようにするのが誠の不言実行、三五の教えだ」と松鷹彦は鋭く指摘する。

わざわざ「~させてくれ」と言うのは、自分の手柄を誇りたい、自分がいい人間だと思われたい、という気持ちがあるからだろう。三五教の「不言実行」は、善行は黙って行え、見えないところで行え、という意味を含んでいる。

天の真浦は指摘され、「あなたは何もかもよく知っていて、私を実地教育して下さるのですね。有り難うございます。アア、神様は人の口を借りて、いろいろと修業をさせて下さるのかと思えば、有り難い、もったいない」と涙を拭う。

こうして天の真浦は「不言実行」の修業をさせられるのだ。

ところが松鷹彦は、「え？　ワシは何も知らない。ただお前さまと話をしているうちに、突然、体が変になって、あんな失礼なことを言いました。どうか気にしないで下さい」と謝る。

どうやら松鷹彦は無意識のうちに神様に使われていたようだ。

すると今度は「アア有り難い！　今までズキズキとうずいていたワシの足が、いつの間にかすっかり治ってしまった！」と拍手再拝し、真浦をまるで神様かのように手を合わせて拝み立てる。

すっかり雪に閉ざされて四、五日の間、真浦は老夫婦の親切にほだされて、教話を説きながらこの家で過ごした。

あるとき松鷹彦が、「御馳走を一度差し上げたいとは思っていても、こう雪に閉ざされてはどうすることもできません。幸いなことにこの川の淵には、たくさんの小魚がいます。それを掬ってきて、お前さまの御馳走にしてあげましょう」と言った。

それを聞いた真浦は、「アア、それは有り難う」と言いつつ、小声でボソッと、「不言実行が肝心ではなかったかなア」とつぶやく。

松鷹彦は雪をかき分けて川の淵に行った。そして網を淵に突っ込み、魚を掬おうと奮闘している。

その光景を家の座敷から婆さんのお竹（松鷹彦の妻）と真浦の二人は、面白げに眺めていた。するとと松鷹彦は何かのはずみで、誤ってドブンと川に落ち込んでしまった。そしてそのまま浮いてこない。真浦は驚いたが、なぜか婆さんは素知らぬ顔してそれを眺めている。

「たいへんだ、お爺さまが川へ落ちた。助けてあげなければ」と真浦は立ち上がった。

ようやく口を開いた婆さまが、「不言実行だ」とつぶやく。

「――恐れ入りました」


それから真浦は、慌てて雪の中を転げながら飛んで行く。

松鷹彦は柳の木に取り付いて、ムクムクと水の中から上がってきた。

「お爺さま、大丈夫ですか？　助かってよかった。私はビックリして助けに来たのです」

「あなたは有言不実行だ。アハハハハ」

真浦は黙って松鷹彦の着物を絞る。

ところが松鷹彦は「自分の着物は自分で絞ります。もっと他に忘れたものがないですか」と聞く。

真浦は黙って家に戻ると、座敷の中から松鷹彦の着替えを見付けて再び外に飛び出し、松鷹彦のところに持って行った。

松鷹彦は真っ裸になり、真浦が持ってきた着物を、手早く身に着け、「有り難う」とも「ご苦労」とも言わず、黙ってスゴスゴとわが家に帰る。

真浦は濡れた着物や網を引っ抱え、「アア、本当に不言実行に出やがったな。油断のならない爺さまだ」とブツブツ独り言を言いながら家に戻る。

お竹は「さすが三五教の宣伝使です。よく気がつかれました」と褒めた。

松鷹彦は突然顔をしかめて、「アイタタタ、またしても足が痛くなった。非常な激痛だ」と口に出し、「不言実行、不言実行」と怒鳴る。

お竹は「爺さま、あなたは二口目には不言実行とおっしゃるが、棚のボタ餅を下ろして食べるように慢心して、真浦さんにご馳走してあげようか、なんて言うものだから、神様の戒めを喰らって、有言不実行になり、そんな苦しむ目に遭うんですよ」

松鷹彦は「モウどこから、そこらに不言実行者が出てきてもよさそうなものだが、アイタタタ」と足をさすっている。

真浦は真っ裸になり、川にザブンと飛び込むと御禊をして一生懸命何事か祈願し始めた。

すると松鷹彦の足の痛みは不思議にもピタリと止まった。

「真浦さま、有り難う。ご神徳をいただきました。サア、どうぞこちらへ来て下さい。火を焚いて当たらせてあげましょう」と言うと、川から這い上がってきた真浦は、「お爺さま、火を焚くのもやっぱり不言実行だ、アハハハハ」と大声で笑った。

少々喜劇的なエピソードだったが、このようにして天の真浦は不言実行を修業させられていくのだ。

では、この不言実行をどんどん極めてゆくとどうなるだろうか。「口で言わずに実行する」というだけのことではなく、「思ったこと・気がついたことをスグやる」ということにもなる。

水の中に沈んでしまった――助けようと思っても、誰かがやるだろうとか、水に入るのが嫌だ、と思ったら行動できない。そんなことを考えずに、思ったことをスグに行動せよ、ということだ。

それを実践してゆくと、やがては直感で感じたことを実行するようになる。

直感というのは神様から受けるインスピレーション（王仁三郎用語では「内流」と呼ぶ）であり、時には理性では不可解なこともある。だから直感的に何か感じても、疑問に感じて頭で考えてしまい、実行をためらってしまう場合が少なくない。

たとえば地震が来る前に直感的に察知したり、今日はあの人に会えそうと感じたら実際に会えたり。そういう虫の知らせのようなものを体験したことはないだろうか。

しかし現実界的には根拠のないことであるため、否定してしまいがちなのである。

だが、直感で感じたことを実行していくと、何かの出来事に先回りして、それに備えることができるようになってゆく。そのときには意味が分からなくても、あとになってその意味が分かるのだ。

十七歳の宣伝使・初稚姫《はつわかひめ》は、他の宣伝使の危難を察知して先回りして待っており、そしていいタイミングで救助に現われる、そんなシーンがたくさんある。

それは不言実行の究極形であると言えるだろう。

惟神と惟神中毒——レーブとカルの場合

「惟神《かんながら》」とは「何事も神様の御心《みこころ》のままに」という意味である。我を張らずに、自然のまま・あるがままに生きる、ということだ。

祝詞を唱えたあとで「惟神たまちはえませ」と唱えるが、これは「何事も神様の御心のままに、霊魂が向上発展しますように」という祈りの言葉である。

神道に限らず、いろいろな宗教でこの惟神の精神を見ることができる。たとえばキリスト教

の場合、「思い悩むな」という山上の垂訓の一節がそうだ。〔『超訳1』147頁参照〕
しかし、神様にお任せします……とは言っても、何でも神様に任せっきりでいいというわけではない。「惟神中毒」と言って、自分でやることを放棄して他人に任せっぱなしの人もいる。
次に、この惟神と惟神中毒の違いが分かるエピソードを紹介しよう。

【巻章】40巻13章「試《ためし》の果実《このみ》」
【場所】霊界
【登場人物】レーブ、カル／女神（生魂姫命《いくむすびひめのみこと》）

レーブとカルの二人は三五教の宣伝使ではない。バラモン教の兵士である。二人は訳あって霊界を旅していた。辺りの様子だと、ここはどうやら天国のようである。

食べ物がなくて空腹に苦しんでいた二人は、道端に腰掛けて休んでいた。そこへ一人の女神が現われて、両手に持っている二個の果実を二人に見せた。

「あなた方は三途の川を渡ってからすでに何万キロも歩いているのですから、さぞお腹が空いたことでしょう。この果実を差し上げようと思ってわざわざここまでやって来ました。さあ、どうぞお食べ下さい」

「ああ、天道は人を殺さずとやら。謹んで頂戴いたします」と二人は体を前に出して取ろうとする。

すると女神は、「この果物は二つに割って食べることはできません。一つは、タルムスビ（足魂）という名の果物。もう一つはタマツメムスビ（玉都売魂）という名の果物です。

一見、色も香りも大きさも同じように見えますが、このタルムスビの実は、得も言われぬ甘い汁を含み、五臓六腑を爽やかにし、一つ食べれば五年や十年は腹の空くことがないという、重宝な果物です。

タマツメムスビのほうは、わずかに飢えを凌ぐことはできますが、石瓦のように固くて、味も悪く、苦い汁が出てきます。

さあ、どれか一個だけを差し上げますから、レーブとカルのお二人さま、どうぞお心に叶うものをお食べ下さい」

レーブは、「はい、有り難うございます。それなら私はタマツメムスビの果実をいただきます。美味しいタルムスビの果実は、どうぞカルに与えて下さいませ」

カルも、「女神さま、私がタマツメムスビをいただきますから、レーブにタルムスビを授けて下さいませ」と二人とも美味しいほうを相手に食べさせようとして譲り合った。

何とも殊勝な態度である。

さて、皆さんだったらどうする？　もしこういうシチュエーションに遭遇したら、どういう態度をとるだろうか？

たいていは自分が美味しいものを取ろうとするだろうが……ちょっと人間のできた人だったら、レーブとカルのように自分は謙虚に不味いほうをもらおうとするだろう。

しかし女神は、そういう態度を否定するのだ。

女神は「オホホホホ」と笑い、「お二人とも揃いに揃って、この苦くて不味い固い果物がお好きなようですねえ」と言う。

レーブは、

「はい……。美味しいものが嫌いというわけではありませんが、美味しいと言っても喉を通る間だけのこと。どんなに不味いと言っても、やはり喉を通る間だけのことです。なるべく己の欲するところを人に施し、欲せざるところは人に施すな、というお諭しを我々は守っております。

どうしてカルに味の不味いものをやることができますか」

「私もレーブと同じ意見です」とカルも同調する。

女神はまた「オホホホホ」と笑う。

「何ともまあ、えらい偽善者ですこと。あなたは神のお諭しによって、そんな善い心になれたんですね？　――しかし、それではまだダメです。天然、自然、惟神の心から起こった誠でないとダメですよ。

自分は辛抱して不味いものを食べ、人に美味しいものを与えて大変な善を行ったというような心のある間は、やっぱり真の善心ではありません。そのような偽善的善事を行い、その報いによって天国浄土に行こうという野心があるのでしょう。

なぜ本能を発揮して赤裸々に自分の好みを言わないのですか？　まだまだあなた方は表面《うわべ》を飾る心が大きいようですね」

レーブは本心を見抜かれ、

「やあ、恐れ入りました。腹の底までエックス線で見透かされてしまいました。まだまだ私には虚偽の精神が潜み隠れているようです。よくご注意を与えて下さいました」

そしてカルも、「私もまったく同様でした」と言う。

「それなら今ここで、この果実のどちらを取りますか？」と女神は改めて二人に尋ねる。

レーブは頭を掻きながら、

「いやー、どうも決めかねます。美味しいほうを取るわけには行かず、かと言って不味いのは食べたくないし……いっそのこと私はどちらもいただきません」

「天の与えるものを取らざれば災いがその身に及ぶ（著者注・中国の『史記』の言葉）……ということをあなたは知っていますか？」

「そ、それは存じていますが……」

「それならばなぜこの果物を受け取らないのですか？」

「エー、何ともかんとも、もはや善悪邪正の道に踏み迷い、どうしたらいいのか私には分かりません」

「カルさま、あなたはどう思いますか？」

「はい。では私は正直に味の良いタルムスビのほうをいただきます。レーブには気の毒ですが、人間には自分の体を維持する責任があります。今、飢餓に苦しむこの際、自分の本心が欲求するタルムスビを頂戴いたしましょう」

カルはとうとう本音を吐いた。しかし女神はまたもや「オホホホホ」と笑う。

「それならカルさまの欲せざる不味いタマツメムスビをレーブさまに与えますが、それでよろしいですかな？　それであなたは満足しますか？」

何とも意地悪な女神さまだ。

美味しいほうではダメ。不味いほうでもダメ。受け取らないのもダメ。

さて、一体どうしたらいいのだろうか？　あなたならどうする？

——しばし考えてから、次を読んでいただきたい。


女神に問い詰められてカルは答えに行き詰まった。

「うーん、いよいよ難しくなってきました。もうこうなっては何とも申し上げようがございません。人間の判断ではダメです。もうこのうえは神様にお任せします。あなたが下さるものを私は頂戴いたしましょう。決して私のほうから好きだの嫌いだの、かれこれとは言いません」

すると女神はニコリと笑い、

「ああ、それでお前さまも初めて神界旅行の資格ができた。何事も人間の道徳や倫理では解決がつきません。神に任せるのが一番いい。さあ、カルさま、神様に代わってタルムスビの果物をあなたに差し上げましょう」

「天のお恵み、有り難く頂戴いたします」

カルは女神から受け取ると、飛びつくようにしてガブリガブリと食べ始め、「ああ、旨い、味が良い。何と美味しい果物だろう」としきりに褒めちぎって、またたく間に平らげてしまった。

するど女神が、不味いタマツメムスビを地上に投げる。たちまち五色の火光が放たれて、果物は数多の美しい天女となって天上に帰っていく。

二人はこの光景を眺めて、思わず手を合わせて伏し拝んでいる。

女神は懐から、別のタルムスビの果物を取り出して、

「さあ、レーブさま、不公平のないようにあなたにも差し上げます」

「はい、有り難うございます」

レーブは嬉し涙をこぼしながら、飛びつくようにして食べてしまった。

例の天女たちは再びこの場に降りてきて、女神の四方を囲み、天の羽衣を翻《ひるがえ》しつつ天上に昇っていった。


カルは女神に問い詰められて、にっちもさっちも行かなくなり、ついに「人間の判断ではダメです。神様にお任せします」と言った。

これが「惟神」である。人間の「我」で判断しているようでは「惟神」ではないというわけだ。この惟神の精神を二人に体得してもらいたいがために、女神はこのような「試し」をしたのだろう。

ところで、美味しいほうではダメ、不味いほうでもダメ、受け取らないのもダメ……というシチュエーションは、何かに似ていないか？

そう、「虎穴《こけつ》問答」である。〔本書94〜98頁参照〕

逃げてもダメ、戦ってもダメ、ジッとしていてもダメ。自分から喰わせてやればいい。

この「自分から喰わせてやる」というのは、ある意味で惟神の精神と言えるだろう。どうなるのか、結果を神に任せるのである。

そしてどういう結果が出ても文句は言わない。それを受け入れる。絶対なる存在に身を委ねるのだ。それが惟神である。

このエピソードにはまだ続きがある。「惟神」も行き過ぎると「惟神中毒」になるというのだ。

女神が天に昇るのを見送ったあと、レーブとカルはまた旅を続けるため歩き出した。

すると、道の右側の五十メートルほど下のほうに見える大きな道から、阿鼻叫喚の声が聞こえてきた。

二人が見下ろすと、馬車、自動車、人力車、その他種々雑多な人々が往来している。これは現界での人間の生活の有様だった。

よく見ると、自動車の中には、角が生えた鬼や、口が耳まで裂けた夜叉のような女がタバコをくわえながら、意気揚々として大道をわが物顔で走っている。そして憐れで正直な人間が、自動車や馬車に轢き倒されたり、肉を削がれたり、血を絞られたり、餓鬼となって重い荷物を背負い、命からがら歩いている。

その惨状は実に目も当てられなかった。

するとそこへ、天に昇ったはずの女神がまたどこからともなく現われた。

「レーブさま、カルさま、あなた方は今、何かご覧になりましたか？　何か高見からご見物になりましたか？」

「はい。いろいろ雑多な惨劇が目に映りました。我々は幸いなことに、このような天国に救われていますが……。これを思えば、人間は決して悪いことはできませんね。何事も神のまにまに任すより仕方ありません」

「カルさまは、この惨状を目撃してどうお考えですか？」

「はい、何とも申し上げようがないほど可哀想なことだと思います」

「国祖の大神様は、このような現界や地獄界の亡者を救うために三五教をお開きになられたのです。同情の涙があればどうしても、この惨状を見逃すことはできないでしょう。あなたのご感想、いや、この惨状に対してどういうアクションを起こすのか、それをお伺いしたいものですね」

「はい……。何事も惟神に任すより道はありません。人間がどれほど焦ったところで、どうすることもできませんから……」


なるほど。人間にはどうすることもできないので、神の御心に任せたというわけだ。二人もよほど惟神の精神が出てきたと見える。

しかし女神はこれに対して意外な返事をするのだ。

女神は二人の返事に呆れ果てる。

「よほど惟神中毒をしておられますね。尽くすべき手段も尽くさず、困難を避けて簡単な道を選び、自分たちの身の安全を守り、世界人類の苦難を傍観して……とうてい人の力は及ばない、何事も惟神に任すより仕方がない……とは、実に無責任と言おうか、無能と言おうか、卑怯と言おうか、人でなしと言おうか……あなた方の魂にはまったく呆れ果ててしまいました。

そんなことでどうして衆生済度《しゅうせいさいど》ができるでしょうか。

あなた方両人は、神の恵みによって天国の入口に臨みながら、そんな利己主義《われよし》の心では、場所が一変してたちまち地獄の底へ落ちてしまいますよ。そんなことでいつまでも天国の旅行が続けられるでしょうか。

あなた方のような無慈悲な方には、もはやこれっきりお目にかかることはないでしょう。さようなら」

そう告げると、あとは白煙。女神の姿は消えてしまった——。

なるほど。レーブとカルの二人は、難しい仕事はやりたくない……という利己的な気持ちから「神様に任せる」という態度に出たわけだ。

表面的には「惟神」のように見えるが、神様に任せていれば何でも惟神になるのではない。何事も惟神、惟神と言って、神様に任せっきりで、自分では何もしないような状態は「惟神中毒」である。

この物質界では、ややもすれば、目に見えない神を忘却し、人間（自我）だけで物事を判断したり、事を運ぼうとする。ユング心理学には「自我《エゴ》」と「自己《セルフ》」という言葉がある（左図、参照）が、その言葉を用いるなら、自我に頼らずに大いなる自己に身を委ねよう、というのが惟神になるのだと思う。

よく宗教の教えとして「自我を無くす」ということが言われるが、単純に自我を無くせばいいというものではない。人間に自我があるのは、それが必要だから神様が創ったのだ。自我を無くしてしまうわけにはいかない。自我はあってもいけないし、無くてもいけないのである。「自我」を無くして「自己」に任せっぱなしになってしまった状態が「惟神中毒」と言えるだろう。それはある意味で動物と同じような状態とも言える。川の流れに身を任せて生きている状態だ。

しかし人間には自我がある。川の流れを利用して自由自在に

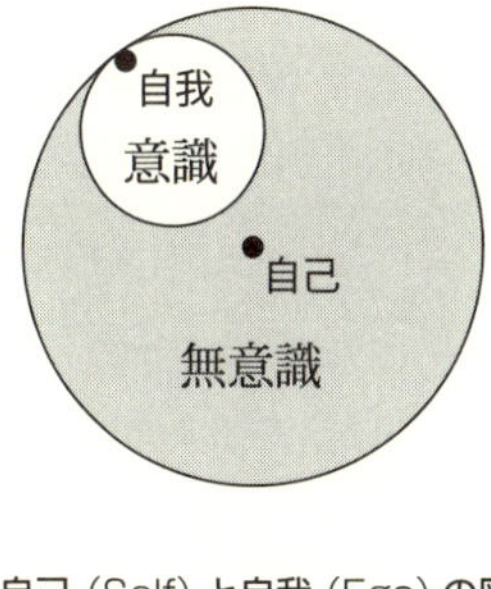

自己（Self）と自我（Ego）の図

船を操ることができる。とはいえ、川の流れに逆らって進むのではあまりにも抵抗が大きすぎる。

川の流れ（自己）と人間の意志（自我）とが一致した状態が真の「惟神」であり、また「神人合一」の状態だとも言えるだろう。惟神とは「神様の御心のままになりますように」という意味であり、つまり人間の意志を神の意志に合致させることなのである。

自我のおもむくままに動くのでもなく、神の言うがままに動くのでもなく、自分の意志を神の意志に一致させて動いていくのである。

世の中にはいろいろな惨事がたくさんある。3・11の東日本大震災、原発事故もそうだし、戦争や飢餓、疫病、暴政など、地球上は艱難だらけだ。

それらのニュースを見て皆さんはどう思うだろうか？　きっと心が痛むだろう。

だが一方で、自分に何ができる？　特に何もできない。仕方ないさ。偉い人に任せておくしかないさ――と思わないだろうか？

艱難に対して具体的なアクションを起こせる人はほんの一握りだ。ほとんどの人は仕事や家庭を投げ出して被災地へ出向くわけにはいかない。お金がなくては寄付だってできやしない。何かしたくても何もできない自分に対する苛立ちを鎮めるための言い訳として、「仕方ない」

とか「どうにかなる」とか無理に思うのである。

そのあきらめの境地が惟神中毒だ。

実際には何もできなくても、何とかしなくてはいけない、という意志を持つべきである。なぜなら、地上の艱難を救いたい、それが神の意志だからだ。神の意志と同じ意志を持つことが神人合一であり、真の惟神である。

地上の艱難から目を背けずに、直視して、それを救うという固い意志を持っていただきたい。現実には、肉体は有限であり、一人の人間にはたいしたことはできない。祈ることしかできなかったりする。しかし、そういう意志を持った人が集まったときに、世界の立直しが進んでいくのである。

神を力に、誠を杖に！

スサノオの手足となる三五教の宣伝使は「一人旅」が原則である。たとえ夫婦であっても別れて一人ひとりで旅をさせられる。

霊界物語での一人旅とは文字通り、一人ずつ物理的にバラバラになって旅をするのだが、私たちの人生においては、必ずしも一人で人生を送らなくてはいけないということを意味するのではない。精神的な「一人旅」を言うのである。

精神的な一人旅と言っても、必ずしも一人ぼっちで孤独に生きるということを意味するのでもない。精神的に他者に依存せずに、自立して生きることを言うのである。

これと関連して「師匠を杖につくな、人に頼るな」という教えもある。

王仁三郎は次のようにボヤいている。

「よく大本の信者が、ある人を連れて王仁《わたし》に引き合わせ、そして信仰に入れようと努むることがある。つまり王仁に会わせさえすれば信仰に入るというので、王仁の忙しい体ということを承知しながら、時間を徒費させられることがある。

自分で信仰に導く事が出来ずに、王仁の力を借りようということは『師匠を杖につくな』という神の戒めを知らないからである」[「師匠を杖につくな」『玉鏡』]

こういう人はビジネスマンにもよくいる。

たとえば仕事に慣れていない営業マンで、お客さんにセールスしてもなかなか買ってくれないので、先輩に頼んでお客さんのところへ一緒に行ってもらい、先輩のセールストークで契約を取ろうという人である。

最初は先輩の力を借りるのもいいかも知れないが、そういうことをいつまでも続けていたのでは、営業マンとして一人前になれない。だから上司は「お前一人で行って契約を取ってこい」と命じるのだ。

神様も同じである。その人を一人前の宣伝使として成長させるために、一人旅をさせるのだ。

また、次のような他者依存もある。たとえば誰かと口論して激怒し、「お前が怒らすようなことを言うから悪いんだ！」と叫ぶ場合があるが、それはその人が相手の言動に左右されているということを意味している。つまり「私はあなたにマインドコントロールされて怒っているのです」と言明しているわけだ。

これは神の道を歩む者としてはとても恥ずかしい。自分のマインドは、自分でコントロールできるようにならなくてはいけない。

たとえ誰が何と言おうとも傷つかない魂、どんなに困難な環境に置かれてもビクともしない不動の魂に磨き上げていくことが惟神の道である。

そしてそのための「一人旅」である。

依存の対象は人だけとは限らない。「先立つものはお金。お金がなくちゃ何にもできない」という人は、お金やモノに頼っている人だ。また、地位や肩書き、権威、学歴などに頼る人もいるだろう。

「親方日の丸」というのは国家権力に頼ること。「会社人間」「仕事人間」は会社や仕事に依存していて、会社を辞めたら何をして生きていけばいいのか分からない人のこと。アルコール中毒、ニコチン中毒、セックス中毒など、探せば世の中にはさまざまな依存症がある。

それだけでなく、宗教や霊能者、占い師に依存する人もいる。そういった人たちは自分で考えることや努力することを放棄しているとも言える。

それでは一体、何に頼ればいいのだろうか?

「神を力に、誠を杖に」ついて生きろというのが三五教の教えである。つまり、人とかカネとかモノではなく、目に見えない無限絶対の力を信じて生きろというのだ。

ここにおいて絶対不動の信仰が養われるのである。


過去を振り返ると私も一人旅をさせられてきた人生だった。

『超訳1』に簡単に私の半生を書いたが、私は幼い頃から口下手で孤独で友達が一人もいないような人間だった。二十歳のときに親元を離れて一人暮らしを始めたが、生活費を稼ぐためにアルバイトはしていたが、ほとんど「引きこもり」のような状態だった。

人付き合いが苦手だったのだ。人間が怖かったのである。

そんな私に力を与えてくれたのは、聖書のイエス・キリストの言葉だった。

「求めなさい。そうすれば、与えられる。探しなさい。そうすれば、見つかる。門を叩きなさい。そうすれば、開かれる。だれでも、求める者は受け、探す者は見つけ、門を叩く者には開かれる」［「マタイ福音書」7章7〜8節］

この言葉に勇気づけられ、門を叩くことにしたのだ。

友や仲間や家族がいると、どうしても頼ろうという気持ちが出てしまう。困ったときに力になる人が近くにいるということはとても素晴らしいことだが、逆に依存してしまう人もいる。そうすると、その人が自分の面倒を見てくれるのが当たり前だと思ってしまい、結果、自立できなくなってしまう。

そして自分の思った通りにその人が面倒を見てくれないと、途端に憎悪心だの嫉妬心だのが生じて、その人を恨むようになる。

こうして人間関係に亀裂が入ってゆく。

私はもともと気が弱くて、自立心のあまりない人間だった。だからこそ神様が、自立させるために一人旅をやらせたのかも知れない。

友達が一人もおらず、近所付き合いもないし、職場の人とはプライベートな付き合いはない。家族とも絶縁状態で、まったく天涯孤独の身だった。そんな私にとって唯一頼ることができたのは、目に見えない存在である「神」だった。

こうして神を信じ、神を頼るしかないような状態へと、神様は私を追い込んだのだ。苦しい歳月だったが、そのおかげで不動の信念を養うことができた。

自分の置かれている状況を悲境・悲運と感じるか。

それとも神様からの有り難い試練と感じるか。

どう受け取るかによって結果に違いが出てくる。

世の中には昔の私のように孤独で苦しんでいる人は多いと思う。しかし、それはチャンスだ。大勢の人に囲まれて何不自由なく毎日楽しく生活していたのでは、経験できないことが経験できる。「神を力に、誠を杖に」生きるための修行なのである。

もちろん、そんな修行なんてしたくないよ、と思う人もたくさんいるだろう。しかしそうやって孤独に苦しみ続けていても、何も状況は変わらない。これは神様から与えられた有り難い試練なんだと意識のスイッチを切り替えれば、必ず状況は好転するはずだ。

宣伝使は一人旅①——伊太彦の場合

三五教の宣伝使は「一人旅」が原則である。だからと言って何でもかんでも一人なのではない。最初のうちは師匠の宣伝使に付いて、弟子として一緒に行動するが、やがて成長してくると、師匠から離れて単独で行動させられる。

時には一人前の一人立ちした宣伝使が何人も集まり、大きな御神業を協力して行う場面があるが、目的を達成したあとはまたユニットを解散してソロで行動するようになる。

さて、ここでは、夫婦の宣伝使がそれぞれ一人旅を送る途中で、神様からその自立心を試されるために試練を受けるエピソードを紹介しよう。

霊界物語の39巻から72巻までは現代のイランからアフガニスタン、パキスタン、そしてインドにかけての地域が主な舞台になっている。霊界物語ではイランは「フサの国」、インドは「月の国」と呼ばれている。

このフサの国の「ウブスナ山《やま》」の山頂に「イソ館《やかた》」という

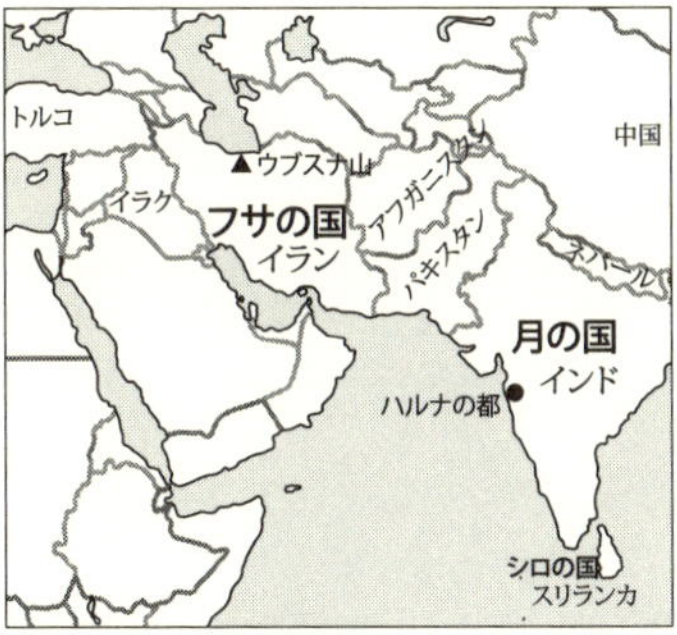

イラン〜インドの地図

スサノオの宮殿がある。そこに世界中から宣伝使たちが招集された。

そして、月の国の「ハルナの都」に宮殿を構えるバラモン教の大教主・大黒主《おおくろぬし》を言向《ことむ》け和《やわ》すために、言霊隊《ことたまたい》が選抜され、五組の宣伝使がハルナの都に向かって旅立って行く。

三五教の言霊隊

第一陣　[宣伝使]　黄金姫《おうごんひめ》、清照姫《きよてるひめ》（母娘）

第二陣　[宣伝使]　照国別《てるくにわけ》　[弟子]　照公《てるこう》、国公、梅公

第三陣　[宣伝使]　玉国別《たまくにわけ》　[弟子]　道公、伊太公《いたこう》、純公《すみこう》

第四陣　[宣伝使]　治国別《はるくにわけ》　[弟子]　万公、晴公、五三公《いそこう》

第五陣　[宣伝使]　初稚姫《はつわかひめ》　[愛犬]　スマート

宣伝使に随行する弟子たちも、やがて一人前の宣伝使となり一人旅を送るようになるが、ここで紹介するエピソードには、第三陣の玉国別の弟子の道公（三千彦）と伊太公（伊太彦）と、その妻たちが登場する。

玉国別の一行は、エルサレムに立ち寄ってからハルナの都に向かえという神命を受けるが、そのエルサレムに向かう道中で起きた出来事である。

【巻章】63巻16章「諒解」～21章「神判」
【場所】月の国のエルの港／ハルセイ山《ざん》
【人物】伊太彦《いたひこ》・ブラバーダ姫（夫婦）／三千彦《みちひこ》・デビス姫（夫婦）／玉国別《たまくにわけ》（師匠）／初稚姫《はつわかひめ》／木樵二人

月の国に「スーラヤ湖」という大きな湖がある。そこの西南の湖岸に「エルの港」があった。三五教の宣伝使・玉国別をはじめとする一行十人は、とある御神業を終えて、船で港に辿り着いた。

一行の中に、伊太彦とブラバーダ姫、そして三千彦とデビス姫の二組の夫婦がいた。いずれも道中で知り合い、結婚したばかりの新婚ホヤホヤである。

すると、初稚姫が神懸り、一同に歌で教示する。

「大神《おおかみ》の任《ま》けのまにまに進む身は　いかでか人を力とやせん。
三五《あなない》の神の御規《みのり》はただ一人　道伝え行くぞ務めなりけり」

「任《ま》けのまにまに」とは「御命令に従って」という意味だ。神の使命を帯びて進むには人を力にする必要はない。神を力にして進め。三五教はただ一人で神の道を伝えていく決まりである……という力強いメッセージだ。


伊太彦は港の埠頭の石に腰掛けて、腕を組んで思案に暮れた。ブラバーダと一緒にここまで来たが、とうとう別れの日が来たようだ。両目に涙をたたえ、声をかすめてブラバーダに告げる。

「ブラバーダ、どうか今までの縁だとあきらめて……この伊太彦を赦してくれ。一生のお願いだ。この伊太彦はお前と別れたら、一生独身を通して神様に仕えるつもりだ。お前はこれから私と離れてテルの里の実家に帰り、両親に孝行を尽くし、いい男が見つかったら結婚して幸せに暮らしてくれ。

しかしいったん別れても、縁があればまた再び添うこともできるだろう。無事にハルナの都に着いて神命を果たし、そのうえで神様のお赦しを得て、お前と再び夫婦になれるものならなろう」

ブラバーダも決意して、

「大切な夫の御神業を妨げてはいけませんから、ここで潔く別れましょう。しかしこのまま家に帰るわけにはいきません。私もどうぞ大黒主を言向け和すためにハルナの都に行かせて下さいませ」

師の玉国別はニッコリとしてさも愉快げに、

「貴女の覚悟は実に天晴《あっぱ》れなものだ。それならば貴女は一人でエルサレムに参拝し、それから月の国のハルナの都に進みなさい。きっと神様がお助け下さいます。——三千彦、お前も一人で行きなさい」

三千彦も涙を垂らし、頭を下げて承諾の意を示す。

妻のデビス姫は歌う。

「いざさらば神の教《おしえ》の三千彦よ　別れて会わんハルナの都で。
初稚姫、玉国別の神司《かむつかさ》やすくましませ妾《わらわ》はこれにて暇《いとま》をつげん」

すると一同に目礼して、早くも町の中に姿を隠してしまった。

こうして伊太彦、ブラバーダ姫、三千彦、デビス姫は、妻と別れ、夫と別れて、一人で旅をすることになったのである。

場所は変わって、月の国の大高山・ハルセイ山《ざん》の峠――。

伊太彦は木の株に腰をかけて、疲れを休めていた。登ってきた山の空を眺めて、愛するブラバーダ姫のことを想う。

「ああ、今頃ブラバーダはどこをさまよい歩いているだろうか。かよわき女の一人旅。その苦しみはたいへんなものだろう。ああ、この伊太彦はもう一歩も歩けない……」

伊太彦はエルの港でブラバーダたちと別れる前――まだ港に船で到着する前に、スーラヤ湖の中にあるスーラヤ山《ざん》という高い岩山を登っていた。スーラヤ山の岩窟に棲むウバナンダ竜王が保管している「夜光の玉」を手に入れるためである。

ブラバーダを含む五人で登ったのだが、そのとき、スーラヤ山の中腹にある「死線地帯」を通過した。死線（邪気線とも呼ぶ）とは邪気が充満し、その毒に当たると心臓麻痺を起こして水膨れになって死んでしまうという、恐ろしいエリアである。〔63巻8章「怪物」～14章「嬉し涙」〕

天津祝詞を奏上し、天の数歌を歌い、神力に守られながらようやく死線地帯を通過したのだが、そのときに当てられた毒が体に残っていたようで、今頃になって頭や胸が痛み、足が大きく腫れ上がってきた。

もう一歩も動けない……このままここで死んでしまうのではないか……ああ、たとえ夢でもいいからブラバーダに一目会ってからこの世に別れを告げたい……。

伊太彦は息も絶え絶えに、涙を雨のように流す。

するとそこへ現われた二人の木樵《きこり》。見ると一人の女を担いでいる。それは何と愛する妻のブラバーダであった。色青ざめて半死半生の状態だ。

伊太彦は一目見るなり、嬉しさ、悲しさが胸に迫り、涙声を絞って、「ああ、そなたはブラバーダ。私と一緒にスーラヤ山の死線を乗り越えてきたお前も、さぞ苦しいことだろう。ちょうどお前に一目会ってから天国の旅を送りたいと思っていたのだ。ここで出会うとは、神様の大慈大悲のおとりなしだろう。ああ有り難い、有り難い。惟神たまちはえませ」と合掌する。

ブラバーダ姫は糸のような細い声を張り上げ、息も苦しげに、「ああ、あなたは伊太彦さま、私も会えて嬉しい。一人でこの山道をトボトボ登るうちに突然、体が疲れ果て、これでもう終わりかというときに、この二人の木樵に助けられてようやくここまで登ってきました。しかしもはやこれまで。どうぞ伊太彦さま、この世の名残りにあなたの手を握らせて下さい」と伊太彦の横に身を投げ出して泣き叫ぶ。

さすが豪気の伊太彦も、女の情けに引かされて涙を袖で拭いながら、「ああ、そなたの言うことももっともだが……大切な神の使命を受けて、この夜光の玉をエルサレムの宮に献じ、ハルナの都に進まなくてはならないこの身。たとえ肉体が亡んだとしても、精霊になってでもこの使命は果たさなくてはならない。たとえ恋しい妻であっても……あの神様の戒めのお歌……どうして妻の手を握ることができるだろうか。この使命が果たせなかったら、それこそ末代までの不覚だ。

たとえこの世で長く生きたとしても、日数《ひかず》にすればせいぜい二万か三万日に過ぎん。この短い瞬間に恋の魔の手に囚われて、永遠なる命の障害《さわり》になるようなことがあっては、私もお前も取り返しのつかない罪悪を重ねることになる。真にお前を愛する伊太彦は、お前に無限の生命を与え、無窮の歓楽を浴びて欲しいのだ。悪く思わないでくれ……」と、息も絶え絶えに説き諭す。

ブラバーダは首を左右に振り、「いえいえ、たとえ誰が何と言おうとも、臨終《いまわ》の際に、ただ一回の握手が赦されないことがあるでしょうか。恋に燃え立つ私のこの胸。焦熱地獄の苦しみを救えるのはあなたの御手にあります。たとえ未来においていかなる責め苦に遭おうとも、夫婦が臨終の際に互いに介抱をし、助け合うことができないという道理があるでしょうか。堅物なのにもほどがあります。どうか私の心を少しは察して下さい」と言いながら、伊太彦に縋り付こうとする。

それを伊太彦は厳然として、蜂を払うように金剛杖の先でブラバーダ姫を突きのけ、はねのけた。

「これ、ブラバーダ。

『大神の任《ま》けのまにまに進む身は　いかでか人を力とやせん』『三五の神の御規《みのり》はただ一人道伝え行くぞ務めなりけり』

という神様のお言葉をどう思っているのだ。今の苦しみは未来の楽しみ。そんなこともわきまえない人だとは思わなかった。

――とは言うものの、私も同じ想いの恋しい夫婦。ああ、どうしたらこの煩悶苦悩をおさめることができるだろうか……」

そのとき二人の木樵は声も高らかに笑い出した。

「アハハハハ、ずいぶん堅苦しい男だな。未来がどうのこうの言っても、いったん死ねば生き返るわけでもないし。神様が恐ろしいとか、そんな馬鹿なことを言うものではない。夫婦二人が断末魔のこのときに、手を握ってはいけないなんて、そんな馬鹿なことがあるものか。誰に遠慮がいるものか」

「ブラバーダをご親切に助けていただき有り難うございます。しかし未来を信じる我々には、そのような天則違反はできません」

「そりゃまた古いことをおっしゃる。この広い天地を自由自在に闊歩し、天地経綸《けいりん》の司宰をする人間が、女一人に愛を注いだからといって、それを罰するような神がいますか？　もしそんなことをする神がいるなら、野蛮神だよ。

宣伝使さま、あなたにも温かい血が通っているだろう。人情も悟っているだろう。我々がいるから手を握りたくても躊躇しているのではないか?」

もう一人の木樵も、「そうだ、我々がいては、格好悪くてイチャつくこともできないだろう。あっちに行こうじゃないか」と言う。

「いやいや木樵さま、ご心配には及びません。世間のように我々に裏表はありません。思うことを言い、思うことを行うのみです。天地の神に恥じることのない二人の行動、あなた方が見聞きしようが、まったく差し支えありません。どうか誠にすみませんが、もうしばらくここにいて、私の最期を見届けてくれませんか。

だんだん体は重くなり、足は一歩も動けません。もし我々夫婦がこのまま死んだら、ウバナンダ竜王が持っていたこの夜光の玉をエルサレムへ持って行くことができなくなります。今のうちにこの玉をあなたに渡しておきますから、私に代わってエルサレムまで持って行って大神様に奉《たてまつ》ってくれませんか? どうかご面倒でしょうが、乗りかけた舟だと思って、引き受けて下さい。たくさんはありませんが旅費を差し上げます……」と懐から金を出す。

「ハハハハ、気の弱い男だな」

「あんたはあまり理智に走り過ぎる。最愛の妻の臨終《いまわ》の願いを聞かない道理があるか。情《なさけ》がなければ人間ではない。さまざまな出来事に向かい合い、変化に応じて上手くこの世を渡ってゆくのが、神の御子《みこ》たる人間ではありませんか。なあ、奥さん、どう思いますか？」

「はい……伊太彦さまのお言葉もごもっともですし、あなたさまのお言葉もごもっともだと思います」

「ああ、ブラバーダ姫の言葉も、お二人のお言葉も、そのご親切は骨身にしみわたって何とも有り難く思います。しかしどうあっても私は神様が恐ろしいのです。神様の教えのためには、いかなる愛も、いかなる宝もすべてを犠牲にする考えですから、もうこれっきり何もおっしゃらないで下さい。ああ、惟神たまちはえませ」

「まったく堅苦しい宣伝使だな。押しても引いても少しも動かない、まるで千引岩のような宣伝使だ。こんな無情な男に恋した女は不幸だな。

「ブラバーダよ、お前がこのように苦しむのも、私の意志が弱かったためだ。テルの里でお前と出会い、お前にプロポーズされたとき、きちんと断っていたら、お前も苦しむことはなかっただろう。どうぞ赦してくれ。

生死を共にすると誓った女房の手を、最期に一度も握ることを赦さないというほど、この伊太彦は無情な男ではない。しかし神の使命を受けたこの体、たとえ肉体は朽ちたとしても、この使命を捨てるわけにはいかない。本当に心の底からお前を愛しているからこそ、こんな惨いことをするのだ」

「それなら、伊太彦さま……これにてお暇《いとま》いたします」と言うより早く、ブラバーダは懐から短刀を取り出すとスラリと抜き放ち、自分のノドに突き立てようとした。

伊太彦は驚いてその手を押さえようとするが、刻々と重くなる病のために手足は思うように動かない。

あわや一大事――というまさにそのとき、木樵は飛びかかってブラバーダの懐剣をもぎ取り、密林の中に投げ込んでしまった。

そして次の瞬間、二人の木樵の姿は綺麗な二人の美女へと変わった。するとブラバーダ姫の姿も、高尚で優美な女神と化してゆく。

伊太彦は驚いて三人の女神を見つめる。

ブラバーダ姫と木樵に変化して現われたのは、木花姫命《このはなひめのみこと》と、（注5）そのお供の女神であった。

伊太彦は有り難やと思わず合掌する。すると伊太彦の病はあたかも忘れてしまったかのように、どこかに消え失せて、とても爽快な気に満たされてきた。

座り直って両手をつき、

「ハハー、有り難やー、木花姫命さま。実に感謝の念に堪えません。なにとぞこの伊太彦が旅の途中で悪魔の誘惑に陥らないよう、よろしくお願いいたします。またブラバーダ姫も、かよわき女の一人旅、なにとぞご守護をお願いいたします」

木花姫命は威厳高く、「汝の願い、たしかに承知しました。しかしながら、あなたの師匠、玉《たま》国別《くにわけ》の身の上はどうするのですか？」と問う。

「ハハー、恐れ入りました。これだけのお試練《ためし》に遭いながら、自分や妻の身の上ばかりを願い、師匠の身の上をお願いするのを忘れていました。どうかお赦し下さいませ」

「あなたは『玉国別の宣伝使は神徳が備わっているから、神のご加護も厚いだろう』と安心して、願わなかったのでしょう」と直日《なおひ》に見直し聞き直し下さる木花姫命の情けの言葉に、再び伊太彦は恐れ入り、両手を合わせて感謝の涙を滝のように流している。

すると天から音楽が聞こえ、辺りが芳香に包まれると、カラビンガの祥鳥に取り囲まれて、三柱の女神は姿を隠してしまった——。

（注5）　木花姫命……霊界物語にたびたび登場する女神。詳しくは本章コラムを参照のこと。

さて、皆さんが伊太彦の立場だったら、どういう対応をしたであろうか。

『超訳1』の道彦のエピソード〔129～134頁参照〕にも出てきたが、恋愛を取るか、使命を取るか、二者択一を迫られたら、皆さん、どちらを選択するだろうか?

宣伝使としては、使命を選択しなくてはいけないのだが、最期のときくらい、愛する妻の手を握ってあげてもいいのではないかと思わないだろうか?

しかしここで重要なことは、手を握るか握らないかということではないと思う。

これは神様からの試し(試練)であり、伊太彦の執着心、恋着心を消すためのテストではないだろうか。一人立ちするうえで、執着心はなくしていかなくてはいけない。特に恋の執着心はクセモノである。

あくまで、「執着心を断ち切る」ということが「手を握らない」ということで表現されているのであって、実際に配偶者の死の間際で手を握ってはいけないということを意味しているのではないだろう。

伊太彦は、死に行く妻の手を握らせて欲しいという誘いを断固として断ったが、それは自分の恋着心がまだ悶々として残っていたからである。手を握ってしまったら、その執着が一気に息を吹き返す。だから「手を握る」という行為を断固拒否したのだ。

しかし、もし執着しないという自信があるのなら、それこそ木樵(実は女神の化身)が言うように、手を握ったくらいで神が罰することなんてないだろう。

この神の試しで、伊太彦は自分の中にまだ妻への恋着心が強く残っていることを覚《さと》った。また、同じように苦しんでいるはずの妻、そして師匠の安全無事を祈願することの大切さも学んだ。

この後、同じハルセイ山の別の場所で、ブラバーダ姫（今度は本物）と親友の三千彦、そしてその妻・デビス姫が再会する。今度はまた少し違う形で恋着心が試されている。

宣伝使は一人旅②——三千彦の場合

ブラバーダ姫は一人でハルセイ山《ざん》を登っていた。こちらは本物のブラバーダ姫である。スーラヤ山《ざん》の死線の毒が体中を回り、もう一歩も歩くことができずに、道端の草の上に腰を下ろし、悲嘆の涙を流していた。

辺りはもう薄暗い。どこからか猛獣の声が聞こえてきて山を響かす。気丈なブラバーダだったが、さすがにこの恐ろしい唸り声には身の毛がよだち、恐怖が襲いかかった。ブラバーダは泣き叫びながら草の上に身を投げ伏せる。

そこへ宣伝歌を歌いながら山を登ってきたのは——夫の親友の三千彦《みちひこ》だった。エルの港で別れて以来の再会である。三千彦もまた愛する妻・デビス姫と離れて、一人でエルサレムに向かっているのだ。

三千彦は道端に倒れている女性を見つけ、驚いて駆け寄った。

「あなたは……ブラバーダ姫ではありませんか？」

聞き覚えのあるその声にブラバーダは喜び、重い身を起こした。

「あなたは三千彦さま……。私はもう一歩も歩けなくなり、ここで泣いておりました」

「ご安心下さい。神様はきっとあなたをお守り下さるでしょう。私があなたをエルサレムまでお連れしたいのは山々ですが、何しろ神様の仰せは『一人旅』でたいへん厳しく、同行することはできません。人は心が肝心です。心さえ生き生きしていれば、肉体くらいは何の雑作もありません。どれだけ疲れたと言っても、休めばすぐに回復するものです。気をしっかりお持ちなさい」

「三千彦さまの情けのこもったお言葉で、まったく甦ったような心地がします。つきましてはお願いがあります。――あなたと私は別に夫婦でもなければ、あやしい恋仲でもありません。ですから道を少々連れ立って歩いたところで、別に神様からのお咎めはないでしょう。――この険しい山道を、せめて峠を向こうに下るまで、私と一緒に行ってもらうわけにはゆきませんか？　かよわい女の頼み事です。お願いいたします」

そう頼まれて三千彦は、俯いて溜め息をつき思案に暮れた。こういうことは神がお赦しになるのだろうか……。

怖ろしい猛獣の声がだんだんと身近に迫るように聞こえてきた。

三千彦は大勇猛心を起こし、

『ええい、なんとでもなれ。人を救うのが宣伝使の役。たとえ罪に問われて地獄に落とされようとも、この女を見捨てて行けるか。

神素盞嗚大神《かむすさのおおおかみ》は世人《よびと》のために千座《ちくら》の置戸《おきど》を負いなさった。(注6)私も宣伝使ならば、千座の置戸を甘んじて受けよう。わが身の罪を恐れて人を救わないのは、かえって神の怒りに触れるかも知れない。神ではない人の身で、どうして善悪正邪の区別がつくだろうか。ただ最善と思ったところをドンドン行うのが我々の務めだ。

男は断の一字が宝だ。小さいことにこだわり過ぎて躊躇するのはよくない。私がこのブラバーダ姫を見捨てて行こうものなら、必ず猛獣の餌食になってしまうことだろう。万々一、私が罪人になろうとも、救わなくてはならない』

そう決意すると、ブラバーダの背中を撫でながら、

「心配しないで下さい。神様の教えは『一人旅』でなければなりませんが、いやしくも男として、かよわい女を見捨てては行けません。あなたを救うために、たとえ私が神の怒りに触れて

地獄に落ちようとも、男の意地、覚悟があります。さあ、私が背中に負ってこの急な坂を越えて差し上げます」

ブラバーダは嬉しそうに、「ああ、何て優しいお言葉。三千彦さま、よく言って下さいました。私もあなたのためなら、たとえ地獄に落ちようとも構いません」と突然、妙な心持ちになって、フラフラと三千彦の胸に飛びつき……そして、頬にキスをした。

三千彦は驚いて後ろに飛び退《ずさ》る。

「ブラバーダさま、そんなことをしては、それこそ天則違反になります。慎んで下さい」

「私はもはやこの通り、手も足も思うようには動きません。どうせ死に行くこの体……たとえあなたに背負われてこの坂を無事に越えても、とうていエルサレムまで行くことはできないでしょう。

すでに私は死を覚悟しています。愛しい恋しいあなたの体に触れて死ぬことができたら、もうこの世に名残りなどありません」とひしひしと泣き崩れる。

三千彦は大困惑。

『ああ、まだ若いから無理もないだろうが……これはまたエラい事になってしまった。えー、仕方がない』

そして勢いのままに「ブラバーダさま、あなたの自由になさい。私も覚悟をしております」

と言ってしまった。

ブラバーダは恋しい懐かしい三千彦の胸にピタリと抱きついて震えている。

すると、そこへまた一人の女性が下から登ってきた。なんと三千彦の妻、デビス姫である。デビス姫はこの光景を見て、眉を逆立て、グッと睨みつける。

しかし二人は一生懸命に抱きつき合っているので、デビス姫がすぐ前に立っていることに気がつかなかった。

「三千彦さま、どうか私を末永く可愛がって下さいませ。どうやら足の痛みも、あなたがご親切にして下さった嬉しさで、すっかり忘れてしまったようです。ああ、にわかに気分がさらりと晴れて来ました。あなたには奥様がおありですから、最期は一緒には遂げられませんが、せめて心にかけて下されればそれで結構です」

「ブラバーダさま、あなたって人は本当に可愛いですね。しかしあなたがおっしゃる通り、私には妻がいますから、とうていあなたと添い遂げることはできません。それに私の友人、伊太彦の妻なのですから、友人に対してもすみません。あなたも愛しますが、友人の伊太彦はそれ以上に愛しています」

「それならば、どうぞ心の夫婦となって下さい」とブラバーダはどんどん難題を持ちかけてくる。

『ああ、どうしたらいいかな。こんなことを言われると、デビス姫を女房に持ったことが間違いだったようにさえ思えてきた。なぜ伊太彦と親友になってしまったのだろう。まったく、もしこんなところをデビスに見られたら、どんなに心のいいデビスでもきっと腹を立てるだろうなあ――。ええい、もういい!! デビスでも伊太彦でも来るなら来やがれ。私はこの女のために罪人となる覚悟だ』

「三千彦さま、どんな地獄へでも、あなたとなら苦ではありません」とブラバーダ姫が言うと、三千彦はだんだん心臓の鼓動が激しく、顔が真っ赤に熱くなってきた。

今まさに二人は目も狂わんばかりにうつつとなって、恋の魔の手に囚われようとしている。

そのとき、三千彦はデビス姫がいるのに気がついた。

「やあ、お前はデビスじゃないか、そ、そこで何をしているんだ!」とうろたえて逆ギレして怒鳴る。

デビスは、「オホホホホ、三千彦さまの凄腕にはこのデビスも驚きました。私はこれからエルサレムに駆け向かい、師の玉国別さまにこの実情を包み隠さず申し上げますから覚悟をなさいませ」と返す。

「デビス姫、そう怒るな。決してお前への愛が薄くなったのではない。ブラバーダ姫がここに倒れていたので介抱していたところ、こんなおかしな言葉が出てきたのだ」

「私も女の端くれです。男の玩弄物《おもちゃ》になんかなりたくありません。だからといって、決してあなたを恨みはしません。私はただあなたのお気に召すようにしてあげたいのです。どうぞブラバーダ姫さまを大切にして、末永く添い遂げて下さい。

こんなことになったのも、みな私のあなたに対する愛が足りなかったからです。あなたが天則違反の罪にならないように、私は今ここで命を捨ててあなたの身代りになります」

「ちょっと待ってくれ、デビス姫。そう短気を起こすものではない。これには深い訳があるのだ。お前は今来たばかりで前後の事情を知らないから、そう言うのだ。ブラバーダ姫と私の間は潔白だ。惚れたの、好いたのというのとは訳が違う。安心してくれ」

「オホホホホ、アヤメとカキツバタとどれだけ違いますか。イカとスルメとどれだけの区別がありますか」

「たしかにイカにもタコにもカニにも足は四人前だ、アハハハハ」と三千彦は笑って誤魔化そうとする。

そこへブラバーダが口を開き、

「デビス姫さま、すべて私が悪いのです。三千彦さまの罪ではありません。私は危ないところを三千彦さまに助けられ、その嬉しさに前後の見境もなく、つい、恋の魔の手に囚われて妙な気を起こしてしまいました。私が今ここで自害して果てます」

と言うと守り刀を取りだして、自害しようとする。

そのとき——天から大火団が降ってきて三人の前に落下し、轟音と共に爆発して火花を四方に散らした。

三千彦、ブラバーダの二人はアッと言って路上に倒れた。目を開けると、今までデビス姫と見えたのはとても美しい一柱の女神だった。

女神は言葉静かに二人に向かい、「我こそは天教山に鎮まる木花姫命《このはなひめのみこと》であるぞ。汝、三千彦、ブラバーダの両人。ハルセイ山の悪魔に良心をかき乱されて、今や大罪を犯そうとするところを汝らの罪を救うためデビス姫に姿を変えて、心の迷いを覚《さと》しに現われたのだぞ。以後は必ず慎んだほうがよかろう。神は決して汝らを憎みはしない。過ちを再び犯すことのないように」と言葉厳かに諭した。

二人はハッとひれ伏して、「有り難うございます」と言ったきり、その場に泣き入った——。

（注6） 千座《ちくら》の置戸《おきど》を負う……他人の代わりに罪を背負うこと。

伊太彦は見事に誘惑を断ち切ったが、三千彦は誘惑に負けてズルズルと恋の魔の手に陥ってしまった。

「人を救うのが宣伝使だ」とか「スサノオの大神が千座《ちくら》の置戸《おきど》を負ったのだから自分も」などともっともらしいことを言って、自分の気持ちを正当化していく。

もっとも最初の段階では、たしかに女を一人見捨てて行ったら猛獣に喰われてしまう危険もあったのだから、背負って助けるというのは、決して間違っていることではないだろう。

しかし、優しい言葉をかけられたブラバーダ姫が妙な気になって、三千彦に抱きつきキスをしてしまった。ここから三千彦も誘惑に負けていく。

ブラバーダは実は十六歳である。天国天人が地上に生まれてきた初稚姫《はつわかひめ》（十七歳）と違って、ブラバーダは普通の人間だ。こういうシチュエーションで恋に落ちても仕方がないのかも知れない。

抱きつかれた三千彦もどんどんその気になっていき、しまいには「心の夫婦」になって欲しいと頼まれて承諾してしまう。要するに恋愛関係になってしまったわけだ。ひょっとしたらこのまま肉体関係を結んでいたかも知れない。

しかしそこで妻のデビス姫（実は木花姫命の化身）が現われて、危うく道を外しそうなところを救われた。

男・女や既婚・未婚にかかわらず、このような恋愛の魔の手に誘惑されたことのある方は多いと思う。

世の中には男と女しかいない。男女が二人出会えば、どうしても男・女という意識で自分や相手を見てしまいがちである。

男女関係がこの世を盛んに発展させてきた反面、男女関係がこの世を堕落させ滅ぼしてきた部分もある。

霊界物語の最後の9巻は「天祥地瑞《てんしょうちずい》」（73〜81巻）と呼ばれるが、そこでは男女間のドロドロとした感情——恋愛の執着や、そこから生じる嫉妬というものが、大きく取り扱われている。

天祥地瑞は今では誰でもお金を出せば買えるし、インターネット（著者が運営している「霊界物語ネット」）で気軽に読めるが、もともと王仁三郎の在世中は、72巻までを三回音読した者にしか読むことを許されなかったという、まさに霊界物語の奥義とも言える部分である。その天祥地瑞で男女間の愛と憎しみの炎が描かれているのである。

この辺りは将来「恋愛編」とか「愛憎編」として書いてみたいと思うが、とても興味深い話題である。

コラム

木花姫命と梅の花

霊界物語に登場する木花姫命《このはなひめのみこと》は、記紀神話のコノハナサクヤヒメ（木花咲耶姫命）のことだ。オオヤマツミ（大山津見神）の娘で、天孫ニニギ（邇邇芸命）の妻だ。そういう意味では天皇のご先祖さまの一人である。

ニニギは笠沙《かささ》の岬（鹿児島県または宮崎県）でコノハナサクヤヒメと出会い求婚する。父のオオヤマツミはそれを喜んで、姉のイワナガヒメ（岩長姫）と共に差し出すが、ニニギは醜いイワナガヒメを送り返して、美しいコノハナサクヤヒメとだけ結婚した。

コノハナサクヤヒメは一夜で身籠もるが、国津神の子ではないかとニニギは疑う。その疑いを晴らすためにコノハナサクヤヒメは誓約《うけい》を立てて産屋に入り、

「もし国津神の子なら無事には産めないでしょう。ニニギの本当の子なら無事に産めるはずです」

と言って産屋に火を放って三人の子を産んだ。その末子がヒコホホデミ（日子穂穂手見命）で、その孫が神武天皇である。

全国に一三〇〇社ほどある浅間神社の総本社・富士山本宮浅間大社は主祭神がコノハナサクヤヒメであり、富士山を御神体としているが、木花姫命も天教山（神代《かみよ》の富士山）に鎮まる神霊である。

5巻18章「宣伝使」で言触神《ことぶれのかみ》となる神人を天教山に招集したのは木花姫命であるし、同25章「姫神の宣示」で神人に天眼鏡《てんがんきょう》と被面布《ひめんぶ》を渡し、宣伝使として世界救済を命じたのも木花姫命だ〔本書26頁参照〕。このように宣伝使と木花姫命には深い関係があるのだ。

……（天教山）の神霊たりし木花姫は、神、顕、幽の三界に出没して、三十三相に身を現じ、貴賤貧富、老幼男女、禽獣虫魚《きんじゅうちゅうぎょ》とも変化し、三界の衆生を救済し、天国を地上に建設するため、天地人、和合の神と現われたまい、智仁勇の三徳を兼備し、国祖・国治立命《くにはるたちのみこと》の再出現を待たせ玉いける。木花姫は顕、幽、神における三千世界を守護し玉いしその神徳の、一時に顕彰したまう時節到来したるなり。これを神諭には『三千世界一度に開く梅の花』と示されあり。木花《このはな》とは梅の花の意なり。梅の花は花の兄と言い、兄を「このかみ」と言う。現代人は木《こ》の花と言えば、桜の花と思いいるなり。……梅の花は節分をもって花の唇を開くなり。桜の花は一月おくれに弥生の空にはじめて花の唇を開くを見ても、木の花とは桜の花に非ざることを窺い知らるるなり。

智仁勇の三徳を兼備して、顕・幽・神の三界を守らせたまう木花姫のことを、仏者は称して観世音《かんぜおん》菩薩と言い、最勝妙如来《さいしょうみょう》とも言い、観自在天《かんじざいてん》とも言う。［6巻24章「富士鳴戸」］

一般に「木の花」と言えば桜の花だと思われており、浅間大社でも桜が御神木になっているが、昔はもともと梅の花を「木の花」と呼んでいた。あらゆる花に先がけて年のいちばん最初に咲くので「兄《こ》の花」と呼ばれたらしい。

その「木の花」を冠する木花姫命は、いろいろな姿に変化して人々の前に現われ、救済に導く神霊である。本来は美しい女神さまなのだが、老若男女さまざまな姿に変化して現われ、時には優しく、時には厳しく、時には恐ろしく、時には茶化し、時には意地悪いことをして、人々に気づきを与え、高い次元へと導いていく。

神話学や心理学などで「トリックスター」という言葉が用いられる。秩序を破って物語を引っかき回す役のことである。いたずらや悪いことをして社会の道徳や秩序を混乱させるのだが、それが結果的には社会を活性化させ文化を甦らせる働きをする。

日本神話ではスサノオがトリックスターとされるが、霊界物語ではスサノオよりむしろ木花姫命のほうがトリックスター的である。

本書に記したエピソードの中では、伊太彦《いたひこ》の前に妻ブラバーダ姫となって現われて伊太彦の信仰を試したり〔本書151～161参照〕、三千彦《みちひこ》の前に妻デビス姫となって現われて浮気心を諫めている〔本書163～170参照〕。

また、竜宮島で初稚姫《はつわかひめ》一行に殴りかかった十五人の男たち〔本書86～88参照〕も、実は木花姫命の化身である。他にも霊界物語の随所で木花姫命が現われている。

宣伝使の玉治別《たまはるわけ》が木花姫命の働きについて次のようなすごいことを言っている。

玉治別「……木花姫命様は三十三相に身を現じ、盗人を改心させようと思えば、自分から盗人になって一緒に働いてみて『オイ、盗人というものは随分世間の狭いものの怖ろしいものだ。こんなつまらないことは止めて天下晴れての正業に就こうじゃないか』と言って盗人を改心させなさるということだ。酒飲みを改心させるには、自分も一緒に酒を飲み、賭博打ちを改心させるには自分も賭博打ちになって、そうして改心させるのが神様の御経綸だ。……ナニ、心から盗人になれというのじゃない。盗人を止めさせるための手段だから構わぬじゃないか。それが観自在天の身魂の働きだ……」〔21巻4章「砂利喰」〕

上からものを言ったり、敵対して批判するのではなく、その人と同じ位置にいて、その人の友となって、良心に働きかけるわけだ。

泥棒を改心させるために自分も泥棒になるというのは、さすがに法律的・道義的には問題があるだろう。しかし悪人を改心させ、良い世の中を創ろうと思うなら、そういう方法も必要になってくるわけだ。

宣伝使の道は奥が深い。

第4章

宣伝使は罪と執着心を解き放つ

前章の最後で執着心について書いた。

執着からの解放——これは宗教の目的の一つだと思う。「罪」というのも、どうやら執着の一種のようだ。

罪と言っても法律上の罪・行為上の罪ではない。「私は罪深い人間だ」とか「ああ、悪いことしたな」と感じる、心理的・内面的意味での罪である。

王仁三郎は、罪とは「積み」であり「包み」であると説く。心の悩みを積み重ね、包み隠すことが罪なのだ。

ここでは罪に関して二つのエピソードを紹介したい。どちらも主役は宣伝使ではないのだが、私たちの身魂磨きの旅において似たような事件に遭遇する可能性がある。

まずは、過去に犯した罪に苦しむ原彦と、その罪から解放させた田吾作の物語である。

執着心（罪）を解く――熊田村の原彦・田吾作

［巻章］20巻8章「心の鬼」
［場所］丹波の国の熊田村
［登場人物］宗彦《むねひこ》（宣伝使）／田吾作《たごさく》、留公《とめこう》（宗彦のお伴）／原彦（熊田村の住人）／お露《つゆ》（原彦の妻）／村人数人

三五教《あななない》の宣伝使・宗彦は、三国《みくに》ケ岳《だけ》に向かって旅をする途中、一人の女と出会った。熊田村のお露である。滝に打たれに行くのだと言う。（本書74頁の「丹波地方の地図」を参照）女が一人、滝に打たれるというには何か深い理由があるに違いない。宗彦はその理由を尋ねてみた。

「私の夫は原彦と申します。実は……二、三年前から病を患い、どんどん重くなっていくのです。それで神様にお願いして夫の病気を助けていただくために、滝に打たれに参るのです」

「それはどんな病気だ？　神様に願って助けてあげようと思うのだが」

「有り難うございます。夫の病は……夜になるといろいろな人が代わる代わる出てくるのです。

そうして苦しめるのです。その度に冷や汗をどっさりかいて、日に日に痩せ衰えて……今ではもう骨と皮ばかりの惨めな姿となっております」と涙を流す。

「それは……何かの物《もの》の怪《け》の病気だろう。——調べてみるから、家まで案内しておくれ」

お露に案内されて家に着くと、中から男のうなされて苦しむ声が聞こえてきた。

お露は「また来たなア」と小声でつぶやきながら、慌てて家の中に飛び込み、夫・原彦の枕元に駆け寄った。

宗彦はその横で、天津祝詞を奏上する。

すると原彦はますます苦悶の声を上げて狂い回った。

数人の村人が隣の部屋にいて何か話し合っていたが、祝詞の声を聞くとやって来て、宗彦に挨拶をし、「さあ、どうぞこちらへ来てご休息下さい」と招いた。

宗彦は隣の部屋に移って、村人たちと話し出した。原彦がお露を相手に何か怒鳴っている声が聞こえてくる。

「いつも病気はあんな感じですか?」

「ええ。特に四、五日前からひどくなって来ました。『田吾が来る、田吾が来る』と言い出して……ひどく苦しむのです。そうかと思うと、またケロリとウソをついたように治ることもあります。

ずいぶん理由《わけ》の分からない病気ですよ。……何でも、死霊の祟りだということです」

「死霊の祟りか……それはまた何か心当たりがあるのですか?」

「我々も最初はちっとも病気の原因が分からなかったんですが、最近になって死霊の祟りだということが分かり出しました。何でもここ二、三日の間に生命《いのち》を取らなければと口走り、それはそれは大変な藻掻きようです」

別の村人があとを続ける。

「この家の主人の原彦は他所《よそ》から来た者ですが、お露さんのムコになってからもう十三年も経つのに、まったく素性を明かさないのです。だからどこの人だか、どんな仕事をしていたのか、全然分からなかったんですが、病人が呻いていることを聞いていると……大きな声では言えませんが、どうやらこの男は泥棒をして人を殺したことがあるようなのです。その殺された男の死霊が祟っているんだということを、病人が自ら現《うつつ》になってしゃべり出しました。いやア、天罰というものは実に恐ろしいものですなア」

原彦は事情を聞いて、なるほどと頷き、

「人間というものは、ずいぶん知らず知らずのうちに罪を作っているものです。――人を殺したり、火を放ったり、あるいは強盗や詐欺などの罪悪を犯す者は、実に世の中のために憎むべき者です。しかしながら、罪を憎んで人を憎まずという言葉があります。公平無私な神様が、肉体を罰するようなことはまずないでしょう。きっとその罪のために苦しめられているのだと思います。罪さえ取れれば、原彦さまもすぐに病が回復することでしょう。

世の中には人間の目には見えない罪人がたくさんいます。なかでも一番罪が重いのは、学者と宗教家です。神様からいただいた結構な霊魂《たましい》を曇らせ、腐らせ、殺すのは、誤った学説を流布したり、神様の御心《みこころ》を取り違えて真しやかに宣伝したり、あるいは神様の真似をするエセ宗教家、エセ学者が最も重罪を神の国に犯しているものですよ」

「へえー、そういうもんですか。――心の中で犯した罪や、学者や宗教家の罪はどこで善悪を調べるのですか？」

「とうてい不完全な人間が、善悪だとか、功罪だとかいうことは、判断がつくものではありません。それだから、神が表に現われて善と悪とを立て別けるのです。

我々が毎日一生懸命に、国のため、道のため、社会のため、会社のためにと思ってやっていることにでさえ、知らず知らずのうちに大変な罪悪を含んでいることがあるものです。

だからと言って、善と信じたことはどこまでも敢行しなくては、天地経綸の司宰者としての天職が務まらず、罪悪になってはいけないと言ってジッとしていたら、怠惰者《なまけもの》として大罪を犯すことになるのですから、最善と信じたことはあくまでも決行し、朝夕に祝詞を奏上し、神様に見直し聞き直しを願うより仕方がありません」

「宣伝使さま、今の法律は行為上の罪だけを罰して、精神上の罪を罰することはしませんが——万一、霊魂が罪を犯し、肉体がその道具として使われても、やはりその肉体が罪人になるというのは、神界から見たら実に矛盾はなはだしいものではありませんか?」

「そこが人間ですよ。——ともかく法律というものは、人間が生活するうえで都合の悪いことはみな罪とするのですから……。たとえ法律上の罪人になっても、神界では結構な御用として褒められることもあり、法律上、立派な行いだと認められていることが、神界においては大罪悪と認められることもあるのです。ですから何事も神様が現われてお裁き下さらないことには、善と悪との立て別けは、人間の分際としては絶対に公平にできるものではありません。

また、人間の法律や国家の制裁力というものは、有限的なものであって、絶対的なものではない。浅間山が噴火して山や森や田畑を荒らして、人家を倒し、桜島が爆発して大勢の人の命を奪い、地震のナマズが躍動して山を海にし、海を山にして、家を焼き、人を殺し、財産をすっかり略奪してしまっても、人間の作った法律で浅間山や桜島や地震を被告として訴えることもできなければ、刑務所に放り込むこともできません。ただ何事も神様の大御心《おおみこころ》に任すより仕方がないのですよ」

話していると、隣の部屋から病人の大きな叫び声が聞こえてきた。

「ヤア田吾作、田吾作、赦《ゆる》してくれ、俺が悪かった。お前は俺に橋の上から川に突き落とされて死んで悔しいだろうが、今となってはどうすることもできない。これも何かの因縁だと思ってあきらめて、どうか俺の命だけは助けてくれ。アア悪かった、悪かった。赦して、赦してくれ」

宗彦は「田吾作という人に心当たりは？」と村人に尋ねる。

村人は首を傾げながら、「サア、はっきりとは分かりませんなア」と答える。

するとまたもや原彦の叫び声。

「田吾作の幽霊どの！　悪かった、悪かった、どうか助けてくれ！」

今度は同じ原彦の声で、少し声色が変わり、「ナ、ナニ、貴様のような悪人を助けてやるもんか。俺の命を奪《と》りやがって。貴様の肉体に宿り、はらわたを喰い、肺臓を抉《えぐ》り、胃袋を捻じ切り、苦しめて苦しめてなぶり殺しにしてやる。この恨み、絶対に晴らしてやるからな！」と一人二役で、自問自答的に怒鳴っている。

「ほら、不思議な病気でしょう？　何でも腹の中に死霊が入って、出たり入ったりしているようです。今は腹に入っているようで、本人と違った声でしゃべっています。あれが殺された田吾作とやらの怨霊に違いありません。

どうぞ一つ、祈祷してやって下さいませんか。私たちも村中が代わる代わるに五人ずつ、こうして寝ずの番をしております。お露さんもお気の毒だが、我々村中の者も手間がかかって困っているのです」

宗彦は頷くと、裏の谷川で口を漱ぎ、手を洗い、天津祝詞を奏上してそっと病室に入り、病人の枕元に端座し、両手を組んで神の御名を唱え、天《あま》の数歌《かずうた》を二、三回繰り返した。

「一《ひと》二《ふた》三《み》四《よい》五《いつ》六《むゆ》七《なな》八《や》九《ここの》十《たり》――」

すると病人はムクムクと起き上がり、目を剥いて鼻を左右に馬のようにムケムケと回転させ、舌を出し、妙な手つきをして、「アーラ恨めしやなア、俺は田吾作の怨霊だ。この肉体をどこまでも苦しめやがって、命を取ってやる」と衰弱しきって動けないはずの体なのにも関わらず、にわかに立ち上がって騒ぎ出す。

宗彦は一生懸命に天の数歌を奏上した。

「これこれ、原彦さま。――決して田吾作の怨霊が災いをなしているのではないぞ。お前の心の鬼が身を責めているのだ。神様にお詫びしたから、お前の罪は神素盞嗚尊《かむすさのおのみこと》さまの千座《ちくら》の置戸《おきど》の贖いの御徳によって、すでに救われたのだ。安心しなさい」

原彦は凄まじい形相で、「恨めしやなアー。どんなに救われたと言っても、命を取られた田吾作はどこまでも祟らなきゃ気がおさまらない。本人を殺し、親を殺し、女房の命をも取って、一家親類、村中の者を祟ってやるぞっ……」と叫ぶ。

「お前は田吾作と言うが、その田吾作は今どこにいるのだ？」

「田吾作は大橋の下で、肉体は亡びたが、精霊《みたま》はここに悪魔となって憑いているのだ。恨めしや、恨めしやア～」

「田吾作の顔には何か特徴があるか？」

「眉間の真ん中に大きなホクロがある。俺の顔を見てくれ、これが証拠だ」

原彦は宗彦の前に額を突き出す。

「べつにホクロも何もないじゃないか」

宗彦の顔の前には原彦の顔があるだけだ。

「お前は霊眼が開いていないから、きっと原彦の肉体を見ているのだろう。ワシの正体を目を光らせてよく見てくれたら、眉間にホクロがあるのが分かる。アア恨めしやア、キャッキャッキャッ」と言いながら、嫌らしい顔を曝して、またもとのように布団に入ると「ウン、ウン」と苦しそうに唸り出した。

お露は心配そうに、「宣伝使さま、夫の病は治るのでしょうか？」と宗彦に尋ねる。

「治りますとも。眉間にホクロのある田吾作は死んではいません。ピンピンして生きていますよ。もうすぐここにやって来るでしょう」

宗彦には心当たりがあった。実は自分のお伴としてついて来た二人の弟子の一人が田吾作という名前で、たしかに眉間にホクロがあるのだ。少し遅れて、もうすぐここへ到着するはずだ。

「この病気は要するに神経病です。心に犯した罪悪の鬼に責められているのです。今に本人がやって来て一言『赦《ゆる》す』と言ったら、たちまち全快することでしょう」

「あの田吾作さんが生きているのですか?」

隣室で会話を聞いていた村人たちも驚いている。

「すべて天地の間は不思議なことばかりで満たされているのです。菜の葉一枚だって考えてみれば実に不思議なものです。今の人間は石地蔵を祈ってイボが取れたとか、足が治ったとか言って不思議がっていますが、そんなことは不思議とするに足りません。第一、人間はものを言うことができる、これが何より不思議ではありませんか? どんな立派な解剖学や生理学の上から調べてみても、声の袋もないのに、いろいろな言霊《ことたま》が七十五声《しちじゅうごせい》も出てくるのですから、これくらい不思議なことはありませんよ」

話していると、外から玄関の戸を叩いて、弟子の田吾作と留公の声が響いてきた。

「モシモシ、ちょっとお尋ねします。三五教の宗彦という宣伝使がお立ち寄りではありませんか?」

その声にお露は慌てて外に飛び出した。

「アッ、眉間にホクロがある! 田吾作さま、私の夫がたいへん御無礼を働いたそうで、どうぞ赦してやって下さい」と頭を地面に着ける。

田吾作と留公は訳が分からず、家の中に入る。

「よう来てくれた。ちょっとこちらへ来ておくれ」

宗彦が田吾作を病室に招き、病床の原彦を揺すり起こした。

目を開いた原彦は、田吾作の顔を見るなり「アッー！」と一言叫んで、再び布団の上に打ち倒れ、藻掻き苦しみ出した。

田吾作は原彦の顔を見て——やつれたとはいえ、どことはなしに、目付き、鼻の格好、口元など、十三年前に大井川の橋の上で、川の中に突き落とされた泥棒によく似ているなアと半信半疑に見守っている。

宗彦は病床の原彦に、「原彦さま、お前に橋から突き落とされて死んだはずの田吾作は、この通りピンピンして生きている。お前の迷いだから気を取り直したほうがいいだろう」と言った。

田吾作が原彦に語りかけた。

「おい、病人さま、久しぶりだったなア。あれは十三年前の月夜の晩だった。お前は狭い橋の上で俺の懐に入っていた玉を強奪しようとした。俺は盗られちゃいけないと争い、格闘しているうちに足を踏み外して、濁流が漲《みなぎ》る大井川に真っ逆さまに転落してしまった。

それからだんだんと気が遠くなり、この世とあの世の境目まで歩いていくと、後ろから俺を呼ぶ大勢の人の声がする。振り返った途端に気がついて見ると、山の麓の芝生の上に横たわり、大勢の人が火を焚いて俺を介抱してくれていた。おかげで命が助かった。それからその村の住人となって、この通りピンピンと跳ね回っているのだ。

俺は決して少しもお前を恨んではいないよ。あのときに俺が玉への執着心を離しさえすれば、こんな目に遭うことはなかったのだ。本当にすまないことをした。アア、あの人に玉を渡しておけばよかったと、あの橋の辺りを通っては、お前さんに会ったら快く差し上げようと思っていたのだ。……それ、この玉だろう」

田吾作は懐から玉を出して、原彦の手に渡した。

それを見た原彦は、初めて心から安心した途端に病気は快方に向かい、日を追って回復し、だんだんと肉もつき、十日ほどしたら全くもとの健康な体に戻った。

この一件で原彦夫婦をはじめ、村人一同は執着心から恐るべき罪が発生し、その罪はたちまち邪気となってわが身を責めるという真理を心の底より悟り、熊田村はこぞって三五《あななない》の教えを信じた。

原彦は玉への執着心から、それを奪い取ろうとした。その挙げ句に田吾作を川に転落させてしまい、十三年間にわたって延々とその罪の重さにわが身を責めてきたのである。

罪を自覚していたのだから、原彦はそれほど悪党ではないのだろう。だが自首せずに隠してきた、そこにもまた一つの執着心を見ることができる。

自首して楽になればよかったのだ。だが、お露との結婚生活を捨てたくなかったのか、自首せずに村の人に隠し通して生きてきた。もちろんお露にも話さずに、一人で苦しみを抱えて来たのだろう。

一方、田吾作は法律上（行為上）は被害者だが、原彦に対してすまないと思っていた。玉を盗られたくないという執着心があったため、川に落ちるはめになったが、もし執着を断ち切って玉を渡していれば、川に落ちることもなかっただろう。そのために原彦を「罪人」にしてしまった。すまぬことをしたと思って、常に玉を持ち歩き、今度会うことがあったら玉を差し上げようと思っていたのだ。

そんな気持ちになれるなんて、実に立派な人だが、もし逆に原彦の罪を赦さずに「今度会ったらブッ殺してやる」と恨み続けて、玉ではなくナイフを持ち歩いていたらどうだったろうか。その執着心が新たに田吾作に罪を犯させることになっただろう。

法律は行為によって処罰するから、行為によって善悪が決まってくるが、神から見たら人の内面もまた重要なのである。内面の罪で苦しんでいたら、その人の霊魂は苦しみの世界、つまり地獄に落ちてしまう。

法律上は加害者であっても天に昇ることもあり、法律上の被害者であっても地獄で苦しむこともある。そういう霊界物語のエピソードをこのあとで紹介する。

その前に、余談になるが私の体験した憑霊エピソードを話そう。

墓を建てろ――著者の憑霊体験

熊田村のエピソードで、原彦に憑いていた霊は、田吾作の死霊でもなければ生き霊でもなかった。

原彦自身の想い――殺した田吾作に申し訳ないことをした、さぞ自分を恨んでいることだろう――そういう想い凝り固まりが、悪しき霊を引き寄せたのではないのだろうか？　あるいは想いが現象化したと言ってもよい。

ところで「神が懸かる」とか「霊が憑く」とよく言うが、厳密に言えば、神が懸かることも霊が憑くこともないらしい。人間の肉体はその人の霊魂があるだけで、それ以外の霊的存在が取り憑くことはないというのだ。

王仁三郎は言う。

「……自分の天賦の霊魂以外に他の神が懸かって守護するということはない……（中略）よく狐や狸が憑って守るというけれども、それは守るのではなくて肉体を害するのである。祖霊さんが守って下さるとか、あるいは産土の神が守られるとかいうのは、自分の精霊が祖霊あるいは産土の神と相《あい》感応して、そう思うだけのことである」〔「他神の守護」『玉鏡』〕

つまり自分の想念に他の霊が感応して（つまり波長が同調して）自分に憑いているように思うだけのことである。テレビに人が映っていてもテレビの中に人がいるわけではないが、それと同じように、実際には憑いていないのだが、あたかも憑いているように感じるので「神が懸かった」とか「霊が憑いている」などと表現しているだけなのだ。

だから「悪霊が憑く」というのは、何かその人の中に悪いものがあるのである。良くない想念を持っているから、それに感応して悪霊がおびき寄せられ「取り憑く」のだ。

実は私もその昔、霊が憑いた体験がある。口が勝手に動いてしゃべり出したのだ。

あれは二十三歳前後の頃のことで、私は友達が一人もいない孤独な人間だった。精神世界や宗教に興味を持ち、本を読んで勉強したり、ヨガや気功や瞑想の真似事を家の中でしていた。

そういうことは、できることならきちんとした指導者の下で行うのが好ましい。自己流でやると変な現象が起きたときに対処を間違える危険がある。

たしか瞑想かヨガをしていたときだが……顔がモニョモニョと微動し、やがて口が勝手に動き出したのだ。

私は口が動くままに任せてみた。すると言葉をしゃべり出した。

私は尋ねてみた。

「……あなたは誰ですか？」

「ワ、ワ、ワタシハ……コ、ココニ死ンデイル」

こんな感じで自問自答しながら、自分に憑いた霊の話を聞いていった。

霊が具体的にどういうことをしゃべったのかは忘れたが、どうやら空襲で死んだ人の霊で、住んでいる家の下に埋葬されずに眠っているというのだ。それを掘り起こして墓を建ててくれというのである。

その当時、私は平屋の貸家に住んでいた。家の下に死んでいると言われても、勝手に掘り起こすわけにはいかない。誰かに相談しようと思い、いきなり大家に相談するわけにもいかないので、とりあえず近くの神社に行ってみた。神主さんは不在で、神主の奥さんが出てきた。

私は事情を説明すると、神社なのでさすがに霊の話には慣れているようで、特に驚かずに聞いてくれた。一通り話が終わると、奥さんは私に言った。

「……神社はお墓はやってないんですよ」

そう、お墓はお寺さんの担当だ。墓を建ててくれと言われても神社にはお手上げだろう。

近くにお寺があるので、私はそこに行って相談することにした。

「どうも有り難うございました」と礼を言って帰ろうとすると、奥さんがポツリと一言つぶやいた。

「お大事に……」

……お大事に？

そう、私は頭のおかしい人だと思われていたのだ。やはり世間一般から見れば、霊が憑いて口が勝手に動くなんて、精神的におかしくなっている人なのだろう。

私はお寺に行かずに家に帰り、私に憑いている霊を問い詰めてみた。すると言っていることがだんだんとチグハグになっていき、矛盾だらけになっていく。そういえば神主の奥さんは「戦時中、この辺りに空襲はなかった」と言っていた。私はすっかり霊にだまされたのだ。

そのまま信じていたら、あれをしろ、これをやれ、と霊に引き回されていたかも知れない。悪霊はそうやって人をだまし、破滅に追いやっていく。

しかし、霊のほうから勝手に私に憑いたわけでもないだろう。私の心の中に、何か良くない想いがあり、それに感応したのではないのか？

ヨガや瞑想をやっていた心理的背景には、単なる好奇心だけではなく、何か超常的な力を得たいという野心があった。スプーン曲げや透視にもチャレンジしたが、人とは違うパワーを持ちたいと願っていたのだ。

また、口が勝手に動き出したのと前後して、歌がたくさん出てきた。霊界物語でもおなじみの、和歌とか、七五調の歌だ。いかにもこの宇宙の真理とでもいうような歌が、ずいぶんと頭の中に浮かんできて、それを日記に書き綴ったりした。

当時は平成三年（一九九一）、中矢伸一氏が「日月神示」の解説書を書いて世に広めた時期だ。私は、いよいよ自分にも神示が降りたと小躍りして喜んだ。「飯塚神示」――今となっては笑い話でしかないが――それもまた一つの野心だ。

墓を建てろという霊の言うことを信じてしまったのも、人と違う現象、超常的な憑霊現象が起きて、内心喜んでいたのである。そういう利己的な野心におかしな霊が感応してしまい、「ワタシハココニ死ンデイル」などとしゃべり出したのだろう。

霊界物語には、人間の精神がおかしくなるケースとして、五つの型が書かれている。〔63巻

一、利欲に迷ったとき
二、強い刺激に接したとき
三、焦心したり、狼狽したとき
四、失意のとき、得意のとき
五、迷信に陥ったとき

私が憑霊したケースは「利欲に迷ったとき」や「得意のとき」「迷信に陥ったとき」に該当するだろう。

それから一年くらいは口が勝手にしゃべることがあったが、悪い霊だと気がついたので、それ以降はだまされることはなかった。

皆さんも十分、気をつけていただきたい。

基本的に、悪い想念を持たなければ、悪い霊も取り憑かないが、その場合の「悪い」というのは、行為のうえでの「悪」ではない。想念上の「悪」である。いわゆる妬みとか僻みとか、憎しみとか恨みとか。

犯罪の被害に遭って「犯人を憎む」ということがあるが、それは現象界においては被害者であっても、想念界においては大罪を犯しているのである。その憎悪の想念がいかにこの宇宙を汚していることか！

神の教えは「汝の敵を愛しなさい」である。敵を愛することができる大きな御魂《みたま》となることが、みろくの世を創るために重要なのだ。

丹波村の平助一家の物語

罪に関するエピソードの二つ目は、とても不可思議なエピソードだ。

罪を悔いて償おうとする二人の男（鬼彦、鬼虎）と、その罪を絶対に赦そうとしない三人の親子（平助、お楢、お節）の物語である。

人を赦さずに憎み続けることは罪であり執着心であり、天に昇ることは難しいことが示されている。

少々長いが、とても読み応えのある物語だ。

［巻章］16巻20章「思わぬ歓《よろこび》」〜17巻4章「羽化登仙《うかとうせん》」
［場所］丹波村
［登場人物］平助、お楢《なら》、お節《せつ》／悦子姫《よしこひめ》、音彦、青彦、加米公《かめこう》（この四人は宣伝使）／鬼彦、鬼虎、岩公《いわこう》、勘公《かんこう》、櫟公《いちこう》

丹波と言えば今は京都府中部地方を指すが、古代は丹後（京都府北部）、但馬（兵庫県北部）を全部含んで「丹波」だった。その丹波の国の中心部だった地域が、丹波国丹波郡丹波里で、現在の京丹後市峰山町丹波の辺りである。霊界物語では丹波村と呼ばれている。（本書74頁の「丹波地方の地図」を参照）

ここに平助とお楢という老夫婦が住んでいた。息子夫婦に先立たれ、残された孫娘を実の娘のように可愛がって、三人で仲睦まじく暮らしていた。ところがその最愛の娘を、大江山《おおえやま》（注7）の悪党によってさらわれてしまったのだ。

大江山ではバラモン教の大棟梁・鬼雲彦《おにくもひこ》がアジトを構えて、周辺の住民に暴虐の限りを尽くしていた。

一年前の冬の夜、二人の旅人が一夜の宿を求めて平助の家を訪ねてきた。老夫婦は快く家に

迎え入れたが、家に入ると二人は悪党の正体を現わし、老夫婦が貯めていたお金を略奪し、そのうえ、かけがえのない孫娘のお節を誘拐してしまったのだ。その二人は鬼雲彦の家来だった。

それ以来、平助夫婦は人を信用できなくなってしまった。庭には落とし穴を掘り、大江山の悪党が再び来たときに備えた。

そこへ現われたのが、三五教《あなないきょう》の宣伝使・悦子姫の一行である。

「もしもし、私は比沼《ひぬ》の真名井《まない》に参詣する者でございます。日はすっかり暮れて、泊まる宿がありません。どうか庭の片隅でも結構ですから、一晩泊まらせて下さいませんか」

門の外から男の声がする。平助は警戒しながら玄関の戸を少し開けた。表は雪が舞っている。平助は暗くてよく見えない門口を睨みつけながら、「泊めることはできません。サア、とっと帰って下さい」と素っ気なく断った。

門の外には数人の男がいた。悦子姫のお供として旅をしてきた岩公、勘公、櫟公、そして鬼彦、鬼虎たちである。

男は断られてもあきらめずに頼み込んだ。

「そこを折り入ってお願いいたします。我々は決して怪しいものではございません」

「ちょうど去年の今頃だった。お前らのように日が暮れてから門の前にやって来て、庭の隅にでもいいから泊めてくれと二人の旅人が言うから泊めてやったら、そいつらがとんでもない悪党だった。大江山の鬼雲彦の手下の、名前は鬼彦と鬼虎という奴だ」

名前を言われ、鬼彦と鬼虎はギクリとした。他の男たちも二人に注目する。しかし、平助はまだ一行の中に鬼彦、鬼虎がいることに気づいていない。

「そいつらはうちの金をふんだくり、おまけに娘をかっさらって行ったのだ。お前たちも大方そういう連中だろう。気分が悪い。とっとと帰ってくれ」とビシャッと戸を閉めた。

鬼彦、鬼虎は小さく縮こまっている。

二人はたしかに以前は悪党で、数々の悪事を犯してきた。平助の家を襲撃したのも事実だ。しかし今は改心して三五教に入り、宣伝使のお供をして修行の旅をしている。まさかこんなところで昔の古傷が甦るとは……。

岩公は二人をまじまじと見ながら、

「ここのお爺さまは、この二人に酷い目に遭わされたものだから、人を見たら怖い怖いと思っているんですよ。日が暮れてから宿を頼む奴は人さらいだという先入観に囚われているものだから、あんなことを言うのでしょう。――おい、鬼彦、鬼虎。貴様らの古傷のおかげで我々までこんな目に遭ってしまった。謝ったらどうだ」

鬼彦は罪悪感をつつかれてちょっとムッとなり、

「一晩くらい寝なくてもいいじゃないですか。これも修行だと思って野宿をしましょう」

「ヘン。うまいこと言ってるけど、お爺さんとお婆さんに合わす顔がないんだろ？　きれいサッパリと二人に謝ったらどうなんだ？　いつまでも悪を包んでいると罪は取れないぞ。『罪』ということは『包み』ということだ。改心した証拠として爺さまにお詫びをして、火箸で頭を叩いてもらったら、ちょっとは罪が滅びるだろうよ」

鬼彦と鬼虎は両手を組み、首を傾け、大きな溜め息をついている。

そのとき、向こうから二人の女が走って来た。宣伝使の悦子姫と若い娘である。

悦子姫はここに来る途中で何か神の啓示を受けたらしく、岩公たちを置いて先に行ってしまったのだ。

「お祖父さま、お祖母さま、私は節《せつ》です。神様に助けられ無事に帰って来ました。どうぞ戸を開けて下さい」

悦子姫が連れて来たのは平助・お楢の可愛い孫娘のお節だった。鬼彦、鬼虎に誘拐されてどこかに連れて行かれたのを、悦子姫が救出して来たらしい。

お節の声を聞いて、たちまち戸を開けて平助が出てきた。しかし、信用はしていない。暗い門口を睨みつけ、

「何を言っているんだ。その手は喰わんぞ。作り声までしやがって……大江山の鬼雲彦に捕ら

えられて鬼の餌食になった娘が戻って来るはずがあるか。そんな手口に乗る平助じゃないぞ。入れるものなら入ってみろ。落とし穴があちこちに拵《こしら》えてあって、穴の底には釘が一面に植えてある。命が惜しくないなら門から庭に入って来い」

するとお節は「お祖父さま、本物のお節です！」とためらいもなく門から中に飛び込んだ。

平助はその姿を見て、「やあ、お節、ようまあ帰ってきてくれた。――じっとしてなさい、動くと危ないぞ」と言いながら杖を持って庭に線を引っ張っていく。お節はその線に沿って落とし穴を避けて歩き、家の中に入った。

「おお、お節」と祖母のお楢も嬉し泣きに泣き伏せる。

「お祖父さま、お祖母さま、会いたかったわ――」

三人で抱き合い、声を放って泣き崩れた。

お節は泣きじゃくりながら、

「山奥の岩窟に閉じ込められていたのを、女神様のような方が現われて助けてくれて、こうして家まで送って下さったんです」

「ナナ何、お前を助けてくれた方が門にいるのか？　これは一言お礼を言わねば……」

平助は門に出てきた。

「どなたか分かりませんが、娘を助けて下さって有り難うございます。ご覧の通りみすぼらしい家ですが、どうぞ中にお入り下さい。外は雪が降って寒いでしょう」

悦子姫は、「ご親切に有り難うございます。しかし私は神様の御用がありますので、これで失礼いたします。ついては私からあなたにお願いがございます。聞いて下さいますか?」と尋ねる。

「娘の命の恩人であるあなたさまのお願い、何なりとおっしゃって下さい」

「有り難うございます。――ここにおります者たちは、私の連れの者です。どうか今晩だけ庭の片隅でもいいので泊めてやって下さいませんか」

「へいへい、そんな事でしたら承知いたしました。どうぞ遠慮なくお入り下さい」と先に立って案内する。

「では、よろしくお願いいたします。さようなら」と言うと、悦子姫は急いでその場を立ち去ってしまった。

岩公、勘公、櫟公の三人は平助のあとについて門の中に入る。しかし鬼彦、鬼虎の二人はモジモジして入って来ない。

岩公はイライラして大声を出した。

「おい、鬼彦、鬼虎、何をグズグズしてる。早く入って来い!」

その名前に平助は反応した。

「何!? 鬼彦!? 鬼虎!?」

振り返ると憎き敵の鬼彦、鬼虎がいるではないか！

「オオ、お前らは娘のお節をかっさらった極悪人の鬼！　この家に入ることはならん！　デデ、出て行け！」

岩公は平助をなだめる。

「モシモシお爺さま、この二人はお節さまを助けた悦子姫さまの家来だよ。二人はそりゃあ悪人だったが、とうとう悪事を後悔して心を改め、悦子姫さまの家来になったんだ。今までの恨《うら》みは水に流して、今夜泊まらせてくれませんか。どうか悦子姫さまの顔に免じて赦してやって下さいナ」

「いや――。お前さまたち三人は泊めてもいいが、何と言ってもその二匹の鬼はダメだ。泊められない」

「お爺さま、ずいぶん敵愾心《てきがいしん》の強い人だな。今までのことは水に流すのだよ」

「水に流せと言ったって、娘と金を奪われた恨みは流すことはできない。ワシの身になって考えてくれ」

「そりゃそうだ、もっともだ。お爺さまのおっしゃる通りだ」

「因縁が報いて来たのだから仕方がない。今晩は外で二人、立ち番でもすれば、罪滅ぼしになっていいかも知れない」と勘公、櫟公は平助に共感する。

「アアよく言ってくれた。――サア、あなた方はどうぞ泊まって行って下さい。しかし誰が何と言おうとも、その二人の餓鬼は泊まらすことはできません」

門の外で鬼彦、鬼虎は顔を合わせてひそひそ話。

「おい、鬼虎。仮に泊めてやると言われても、どうも照れくさくて中に入れないじゃないか」

「そうだな。昔の因果が巡って来て、心の鬼に身を責められ、呑気に泊めてもらうわけにもいかず、大きな顔して爺さまや婆さまに会うわけにもいかない。エー仕方がない。俺たち二人は今夜はもう少し歩くことにしようじゃないか」

「アア、それがいい。――おい、岩公、勘公、櫟公。俺たちは一足先へ行って山の麓で待っている。夜が明けたら三人で来い。そこで合流しよう。ではお先に失礼」と捨て台詞を残して、雪が降る中、二人はこの場から立ち去った。


その晩、岩公たち三人は平助の家に泊まり、翌朝は早くに出発した。平助親子三人も一緒だ。目指すは真名井ケ原。

現在の地理だと、京丹後市の市街地から西南のほうに、久次岳《ひさつぐだけ》という山がある（標高五四一メートル）。その山が霊界物語では真名井ケ岳と呼ばれており、その中腹に真名井ケ原と呼ばれる場所がある（本書101頁の図参照）。突如そこの磐座に豊国姫神《とよくにひめのかみ》という神様（国祖の妻神・豊雲野尊《とよくもぬのみこと》の別名）

が出現した。悦子姫一行は神示によってそこに行く途中だったのである。お節が無事に帰宅したお礼に、平助親子三人も真名井ケ原の神様に詣でることにした。

六人で雪道を歩いていく。さすがに老夫婦と若い娘より、大の男三人のほうが歩く速度は早い。真名井ケ原で再会することを約束して、岩公たちは一足先に進むことにした。


ここで話は昨夜に戻る。

鬼彦と鬼虎の二人は、心の鬼に責められて、どこにも泊まりもせずに雪の積もった夜道をトボトボと進んでいった。深夜、吹雪の中を、互いに肩を組み合わせてゆっくり歩いていく。するとと道を踏み外して——道端の肥溜《こえだ》めの中に落ちてしまった。

昔は農業用の肥料として屎尿《しにょう》が使われていたが、それを貯蔵しておくために大きな瓶を土中に埋めていた。それが雪に覆われていたことにまったく気がつかず、足を踏み外してしまったのだ。

二人は肩を組んだままドボンと肥溜めの中に転落してしまい、頭の先から足の爪先まで糞まみれになってしまった。

命からがら肥溜めから這い上がり、身を切るような寒さの中、震える声を絞り上げ、

「罰が当たったな。こんなことなら頭の一つや二つ叩かれていいから、平助爺さんに素直に謝っ

て、家に泊めてもらったほうがマシだった。お前が照れ臭いとか何とか言って痩せ我慢をするもんだから、こんな目に遭ってしまったのだ」

「おい鬼彦、今さらそんなこと言ったって何になる。過ぎ越し苦労は禁物だぞ。――しかしここにいつまでもいたら、服も体も氷ってしまう。アア寒い寒い。寒さが通り越して体中が痛くなって来た」

「どこかここらに家でもあったら、無理にでも押し入って、火を焚いて体を温め、湯を沸かしてよく洗わなくちゃどうにもこうにもならない。グズグズしてると体が硬直して石地蔵になってしまうぞ」

二人が体を震わせながら二、三百メートル進んでいくと、バッタリと一軒の小さな家に行き当たった。

「これは物置小屋のようだな。……マアともかく中へ入ってみよう」

戸を開けてみると、暗闇に何か赤い物が見える。

「ハハア、さっきまで誰か火を焚いていたみたいだ」

鬼彦は積んであった藁《わら》を引きずり出して囲炉裏の中にくべた。赤い炎がだんだん大きくなってゆく。二人は真っ裸になった。

「これで少しは楽になった。あとは服を洗って、乾かさなくちゃな……」

「オイ、ここに水が張ってあるぞ」

小屋の中の片隅にあった水桶を見つけると、二人はそこに服を投げ入れ、ムシロを見つけて体に巻いて応急の服とした。

「アア、これで命だけは助かった」と大きく燃え上がった炎に当たって二人は体を温める。

「オイ鬼虎、お前は洗濯係だ。俺は干し係になるから」

「ヘン。自分の服は自分で洗えよ」

鬼虎は水桶に入れた服を持ち上げた。そこでビックリ仰天。

「オオオイ、大変だ。水桶だと思ったら、これは糞桶だぞ」

鬼彦も自分の服を入れた水桶を見ると、

「ココ、こっちは小便桶だ」

すると鬼彦が身にまとっていたムシロに囲炉裏の火が移った。

「アアアッ、火が点きやがった。オイ鬼虎、ドドドどうしよう」

「雪だ。雪の中に転がれ」

「アチチチ！」と鬼彦は外に飛び出して雪の上を転がり回った。

今度は鬼虎が巻いていたムシロにも火が点く。

「うわー、たまらん！」

鬼虎も外へ出て、水溜まりの中に飛び込んだ。

裸となった二人は真っ黒の泥だらけで惨めな姿である。

外はもう夜が明け始めていた。そこへ岩公、勘公、檪公の三人が通りかかった。

「ヤア、鬼彦、鬼虎、まだここにいたのか。……何だ？　素っ裸で、どうした？」

するとどこからか怪しい笑い声。

「アハハハハ。糞責め、火責め、水責め、さんざんな目に遭ったな」

声の先を見ると宣伝使の加米彦《かめひこ》だ。彼は途中まで悦子姫の一行に加わって一緒に旅をしていた仲間である。

「悦子姫さまに……二人は今、糞壺に嵌《は》まっているから、服を持って行っておあげなさい、と頼まれて持って来てあげたよ」と服を差し出す。

「ああ、加米彦さま、有り難うございます」

お礼を言うと、二人はすぐさま服を着た。

それから岩公一行と合流した鬼彦、鬼虎、加米彦の六人は真名井ケ岳に向かって西へ西へと進んでいく。

すると道の左側に、小綺麗な洒落た形の家がある。その玄関口に一人の美しい若い女が立っていた。

「もしもし、あなた方は真名井ケ岳へお詣りの方々と見えますが、この雪道でさぞお困りのことでしょう。どうぞ中へ入って一服していって下さいませ」

「ヤア、捨てる神あれば拾う神ありとはこのことだ。皆さま一服していきましょう」と鬼彦は先に立って家に入っていく。

そこはなかなか広い家だった。女の名はおコンと言った。

鬼彦と鬼虎は裏庭の溜池で臭い体を洗って禊をして、再び家に入ってきた。一服したあと、おコンは六人に声を掛ける。

「サア皆さま、これからが正念場です。もう一、二キロ進めば、いよいよ真名井ケ原の聖地に着きます。ここで天津祝詞を奏上し、天の数歌を上げてからご出発下さい」

そう言われると、おコンを先達《せんだつ》に、六人は一心不乱に祝詞を合唱し始めた。

ちょうどそこへ、平助、お楢、お節の三人がやって来た。平助は驚いて、

「お前たちは大勢で一体何をやっているんだい？　こんな雪の中で真っ裸になって……」

鬼彦、鬼虎、岩公、勘公、櫟公の五人はハッと気がつくと、雪の積もった野原にいた。

加米彦とおコンの姿はない——。

五人は野糞を真ん中にして取り囲み、一同手を合わせて一生懸命に祝詞を奏上していたのだ。

しかも全員真っ裸である。

そのとき後ろの山のほうからキツネの鳴き声が響いて来た。

「コーン、コーン」

再び一行八人は、真名井ケ原に向かって歩き始める。例の五人は裸である。

先頭に立つ鬼彦はうんざり顔でこぼす。

「アア、馬鹿らしい。キツネにだまされたのか。──これというのも、大江山の鬼雲彦の家来となり、あらゆる悪業を尽くして来た天罰が当たったたのだろう。身魂《みたま》の借銭済《しゃくせんな》し(注8)と思えば結構なことだが、いつの間にやら五人とも生まれたままの赤ん坊のように真っ裸になり、何一つ持たない無一物となってしまった。だけど、そもそもが男は裸一貫だ。精神さえしっかりしていれば雪の中だってへっちゃらだ」と気合いを入れて、雪の積もった山道を歩いていく。

太陽は煌々と輝き、雪がそろそろと解け出した。すると雪が崩れて雪崩が起きた。山の斜面から大きな雪の塊が何十となく転がり落ちて来る。

ゴオオーと音を立てて雪崩が一行八人を襲う。慌てて逃げるが、お節は逃げ切れずに雪崩に埋もれてしまった。

首から上だけ出して「助けてー、助けてー」と悲鳴を上げる。

鬼彦と鬼虎は顔を見合わせて、

「オイ鬼虎、お節さまを誘拐して苦しめた、そのお詫びとしてあの雪をどけて命を助けてやろう」

「そうだ、お詫びをするのは今だ。——モシモシお節さま、今、助けます！」

二人はお節のまわりの雪を掻きだした。

ところがお節は首を左右に振り、「いえいえ、あなたたちに助けられるくらいなら、死んだほうがまだましです！」ときっぱり断る。

鬼彦は呆れて、「どこまでも執念深いなア。生きるか死ぬかの瀬戸際なのに、人嫌いしている場合じゃないだろ。サア鬼虎、今がお詫びのしどきだ。二人で頑張ろう」と大きな雪の塊に向かって裸の体を打ち付け、動かそうとする。

しかし、さすがに巨大な雪の塊は、突けども押せどもビクともしない。

平助は泣き声で、

「アア、ワシたちほど因果な者がこの世にあろうか。死んだと思ったお節の元気な姿を見てホッと一安心したかと思えば、一日も経たないうちに、またもや不慮の災難。アア、もう生きてはいけない。オイ、お楢、お前もワシもこれからお節と一緒にあの世の旅に出かけよう」

お楢も泣きながら、

「オンオンオン。お節よ、婆は一足先へ行くよ。どうぞあとからゆっくり来て下さい。六道の辻で爺と婆とが待ってます。オンオンオン」

「オイお楢、この期に及んで涙は禁物だぞ」

平助は懐剣を取り出すと自分の腹に突き立てようとする。

鬼彦は驚いて平助の手首を握った。

「お爺さま、待て待て、死ぬのは早いぞ、短気は損気だ」

するとお楢も、「平助どの、さらば」と短刀を抜いて喉に突き刺そうとする。

その手を鬼虎はグッと握り、「お婆さま、待った待った」と制止する。

「エエイ、汚らわしい。お前のような悪人に助けられて、オメオメとこの世に生きていられるものか、放っといてくれ」とお楢が突っぱねると、鬼虎はさすがに涙声になり、「お婆さま、どうしても私の罪を赦してくれませんか？」と問う。

お楢は「当たり前だ。死んでも赦すものか。たとえみろくの世が来ても、お前への恨みだけは絶対に忘れない」と鬼虎をグッと睨む。

鬼虎は何事か決心して、

「そうですか……。それならあなたの手で、私を思う存分、なぶり殺しにして下さい。そうしたら、あなたの恨みは少しは晴れるでしょう。そして私の罪を忘れて下さい」

すると平助が泣き出した。

「コラコラ、お楢よ、もういい加減にグチを言うのをやめなさい。これだけ前非を悔いて、善の魂に立ち返った鬼彦、鬼虎の二人に、これ以上グチをこぼすと、かえってこちらが深い罪になるぞ。それよりも潔く娘と共に天国に旅立とうじゃないか。――アア、鬼彦さま、鬼虎さま。あなた方の真心は頑固一辺のこの平助もさすがに骨身に応えました。決してもうあなた方を恨みません。どうぞその手を放して下さい」

しかし鬼虎は握った手を放さない。

「いやいや、あなた方を見殺しにしてなるもんか。短気を起こさずにもう一度思い直して下さい。オイ鬼虎、お婆さまの腕を決して放しちゃいけないぞ、しっかり掴まえていてくれ。――オイ、岩公、勘公、櫟公、早くお節さまを救い出さんか、何をグズグズしている」

岩公たち三人は先ほどから鬼彦、鬼虎に代わって、お節のまわりの雪かきをしていた。

「言われなくてもやってるさ。――サア、お節さま、もうだいぶ雪をどけました。ちょっと動いてみて下さい」

「有り難うございます。だいぶ動けるようになって来ました。モシモシ、お祖父さま、お祖母さま、どうかしっかりして下さい。節はどうやら助けてもらえそうです」

平助とお楢は喜びの声を上げた。

「お前がこの世に生きているなら、爺や婆はこの世を去る理由がない」

二人の手から短刀が落ちた。

「よし、この二人はもう大丈夫。加勢しよう」

鬼彦と鬼虎も加わり、五人は雪をどけるため全力を尽くした。

そしてようやく雪がどけられ、お節が雪の中から立ち上がった。

「やった！　ばんざい！」と男たちは声を上げる。

すると、そのときである。むくむくと起き上がったお節は、嫌らしい笑い声を上げると、舌をだらりと垂らして、「キャッ、キャッ、キャアア、キャハハハハ」と狂い出す。そして山奥指してトントントンと走り出し、姿を隠してしまった。

七人は腰を抜かさんばかりに驚いた。平助とお楢は慌ててお節のあとを追う。

「オーイ、オーイ、お節ー、爺と婆はここにいるぞー、待っておくれー」

鬼彦たち裸の男五人もあとを追った。

「お節さまだと思っていたら、実は妖怪変化だったのか……」

お節は谷川を左右に猿のように飛び交いながら進んでいく。すると行き当たった岩石の前でピタリと倒れて、そのまま姿は白煙となって消えてしまった。

鬼虎はその岩石を見つめてつぶやく。

「ここは『魔の岩窟《いわや》』だ……。去年の今頃、鬼雲彦の命令でこの岩窟にお節さまを閉じ込めて、固く閉じて出入りできないようにしておいたのはこの俺だ。一年ぐらいの食料は入れておいたから飢え死にはしていないだろう……」

鬼虎は平助とお楢に向き合い、

「お爺さま、お婆さま、この鬼虎と鬼彦が、改心した証拠に本物のお節さまに会わせましょう。どうぞこれで日頃の恨みを晴らして下さい」

「娘さえ無事に生きておれば、今までの恨みも何もかもすっかり忘れてしまいましょう。ナア、お楢」

「どうぞ早く娘を助けて下さい。早く会いたいわいなア、オーンオーンオーン」と泣きじゃくる。

鬼虎と鬼彦は手頃な石を拾って、「一、二の三」と合図しながら、岩壁の秘密のスイッチを力一杯叩きつけた。

すると岩戸が内側に開いて、その先には真っ暗な道が続いていた。

「よし、行くぞ」と二人は中に入っていく。

お節は暗い岩窟の奥の一室に閉じ込められていた。あれから一年が経ち、色青ざめて痩せ衰え、手足は針金のように細っていた。しかしいつか必ず神の救いがある、この岩窟から出て祖父母と再会できると信じて、牢獄生活を耐えてきた。

そこへ、一年ぶりの物音。誰かが歩いてやって来る………。

牢獄の扉の窓穴から男が顔を覗かせた。

「もしもし、鬼彦でございます」

「ヤア、お前は私を誘拐してこの岩窟に閉じ込めた悪党の張本人！　ここに現われたのは日頃から念じている神様のお引き合わせ、サア覚悟せよ！」とお節は石を握って鬼彦の顔を目がけて思いっきり投げつけた。

しかし石は狙いが外れて岩壁に当たる。再び石を拾い上げて投げようとすると、驚いた鬼彦は顔を引いてしまった。

「オ、お節さま、その腹立ちはごもっともですが、私はもう去年の鬼彦ではありません。今では罪を悔いて、お前さまを助けに来たのです。平助さまもお楢さまも、岩窟の入口で待っています。サア、今、扉を開けますから外に出て下さい」

「この詐欺師め。そうやって言葉巧みにだまして家に入り込み、金を奪い、私をさらって行ったじゃないか！　もうその手には乗らないからな！」

「ご立腹はもっともでございます。しかし、いつまでもここに居ても仕方がありません。何はともあれ、扉を開けますから外に出て下さいませんか。――オイ鬼虎、俺ばかりに言わせないでお前も何とか言わんか。何だ、男らしくもない、メソメソ泣いているのか？　お前もお節さまが納得するように事情を説明してくれ。お節さまが納得してから開けないと、何をされるか分かったもんじゃないぞ」

「アー、仕方がない。この悪党の俺でも、今までの悪業が記憶に甦ってきて、心の鬼に五臓六腑をエグられるようだ。アーアー、開けねばならず、開けてはならず、開けて悔しい玉手箱。お節さまに合わす顔があるだろうか」と声を放って泣き伏せた。

「エーイ、仕方がない。開けてやろう」と鬼彦は岩の扉をグッと押し開いた。

お節は日頃から磨いておいた鋭利な石槍を逆手に持って、鬼彦を目がけて凄まじい形相で飛びかかる。鬼彦と鬼虎は、今来た洞窟の中を慌てて外に向かって逃げ出した。

お節は石槍を持って追いかけるが、凸凹な洞窟の道である。出っ張った岩につまずいて倒れ、気絶してしまった。

「ヤア、大変だ」

鬼虎は困ったときの神頼みと、天津祝詞を奏上し、天の数歌を声高らかに奏上する。

しばらくしてお節は意識を取り戻した。目を開けると日頃憎んできた鬼虎が真っ裸のまま印を組み、一生懸命に祈願している。

「お前の行動は本当に怪しい!!　極悪無道の身でありながら、けなげに神を念じて、私をあざむくつもりか！　思い知れ！」とまたもや鬼虎に突きかかろうとする。

「マアマアマア、待って下さい、お節さま。これには深いワケがある。待った、待った」

そのとき、洞窟の外で待っていた平助とお楢が、鬼彦らと共に現われた。

懐かしき祖父母の顔を見たお節はパッと顔を明るくして、「お祖父さま、お祖母さま！」と二人に抱きつく。

「ヤアお節、会いたかったたわいなア」

「よう、マア、無事でいてくれた」と三人は互いに抱き合い、嬉し涙にかき暮れた。

魔の岩窟からお節を救い出した鬼彦と鬼虎たち裸の男五人は、平助親子を先頭に雪の山坂を登っていく。目指すは真名井ケ原だ。

岩公は先を歩く平助たちに大声で話しかける。

「平助さま、お楢さま、年寄りの身でこの坂を登るのは大変でしょう。お節さまも長い間閉じ込められて足が弱っていることでしょう。どうか我々に、あなた方を背負わせて下さいませんか？」

平助は言下に断る。

「そんなことをしては参拝になりません。自分の足で歩いていきます」

「それもそうだが、我々を助けると思って背負われて下さい。……実は真っ裸で風に当てられて、どんなに元気な我々でも寒くて寒くて我慢ができません。人を背中に乗せて歩けば体も温かくなるし、あなた方も楽にお詣りができて一石二鳥です」

「そうか、それなら乗ってやろうか」

平助は岩公に、お楢は勘公に、お節は櫟公の背中に乗って山道を登る。鬼彦と鬼虎の背中は空っぽだ。

鬼虎は恨めしそうに、「お爺さま、交替で我々二人の背中にも乗ってくれませんか?」とお願いする。

「誰がお前らのような者の背中に乗るか。体が汚れてしまう。背負ってもらったくらいで恨みを晴らすような腰抜けなんかじゃないぞ。お前の世話になんかなるものか」

鬼虎は嘆く。

「アーア、どこまでも執着心の強いお爺さまだ。しかしこれも自分の身から出たサビだ。――エーイ、寒くて寒くて仕方がない。オイ鬼彦、相撲でも取って体を温めようじゃないか」

「オウ、それはいい。そうしよう」

二人は道の少し広いところに行き、力を込めて押し合いを始めた。

ところが、あまりに力を入れすぎてヨロヨロとよろめき、二人は裸のまま急坂を滑り落ちて谷底目がけて落下してしまった。

平助は岩公の背中の上から谷底を見下ろして、

「アーア、あまり悪いことばかりして来たから罰が当たった。神様は正直だなア。……オイ岩公、お前もあいつらのもともとは子分だったろう。今日は俺のおかげで温い目に合わしてもらえて、さぞ満足だろう」

これには岩公もさすがに頭に来て、

「コレコレ爺さま、お前さまもいい加減に打ち解けたらどうだイ。あれだけ鬼彦や鬼虎が改心して一生懸命謝っているのに、お前さまはどこまでもいい気になって二人を苦しめようとするのか。恥をかかすのか。――こうなるとこの岩公も、かえって二人のほうに同情したくなって来たゾ。エーイ、平助爺め、谷底へ放り込んでやろうか。いい気になりやがって、あんまりだ。傲慢不遜なクソ爺イめが」

「コラ岩公、変なことをしてはいかんぞ。グズグズ言うのなら、髪の毛を引っ張ってやろうか」

「アイタタタ、コラ爺さま、引っ張るな」

「サアしっかり登れ」

ついに岩公はぶち切れた。

「オイ勘公、櫟公、三人一度にこの崖から転がり落ちてやろうか」

「そうだ、俺もムカついて来た」

「コラ勘公、よそ見せずに前向いて歩け」

「イタタ、婆サン、毛を引っ張るな」

「俺は……転がり落ちるなんてできないよ」

「そりゃそうだろ、櫟公。お前は若い娘を背負っていてさぞ気持ちがいいだろうからな。……もういいかげん体も温くなって来た。オイ爺さん、背中から下りてもらおう」

「キツい登り坂はすんで、ここからは楽な下り道だ、目を塞いでおっても行ける」と憎まれ口を叩きながら平助一家は背中から降りた。

「しかしお前たちはまだ裸だ。寒いぞ。本性を現わして追いはぎとなり、俺たちの服を奪い取ったりはしないか」と猜疑心の強すぎる平助にとうとう岩公はうんざりして、

「そんな情けないことしないよ。改心した以上は塵一つだって他人の物を盗まないよ」

「そんなこと言うけどな……お楢よ、こいつらの改心というものは当てにならん。気をつけていろよ」

「そうとも、そうとも。お節よ、お前もしっかり気をつけていないと、コイツら、いつ追いはぎに変わるか知れたものじゃない」

このとき、崖の下に転落した鬼彦と鬼虎が、谷底から這い上がってきた。

「おお、生きていたか！」と岩公が嬉しそうに声を上げる。

すると、空中のどこからともなく何か音楽が聞こえてきた。八人は思わず耳をそばだてて聞きいる。そして空から声が聞こえてきた。

「岩公、勘公、櫟公、真っ裸でさぞ寒かろう。今、天より暖かい服を与えてやろう。これを身に着けて真名井ケ原の奥に進むがよい」

どこからともなく、立派な宣伝使の服が三着、この場に風に揺られて降ってきた。そして三人の体に自然に密着する。

三人は「ヤア、有り難い」と喜ぶ。

見違えるばかりの立派な姿となった岩公は、

「平助さま、お楢さま、お節さま、たいへんご心配をおかけしました。おかげさまでこの通り、立派な天の羽衣を頂戴しました」

平助は唖然として、

「お前らは悪人だ、悪人だと思っていたが……本当に立派な衣装を神様からいただかれた。もうこれからは、決してお前さまに口答えはしません。どうか赦して下さい」

三人の着けた服はみるみるうちに羽衣のように変化して、その顔は天女の姿となり、空中を前後左右に飛び回りながら、真名井ケ原の奥を目がけて悠々と飛んでいく。

残された五人はその光景を打ち仰ぎ、呆然として見つめていた。

しばらくして突然、お節は声を上げて泣き出した。

平助、お楢は驚いて、

「コレコレお節、どうした、腹でも痛いのか？」

「お祖父さま、お祖母さま、どうか改心して下さい。あのような荒くれ男の三人は大神様の御《み》心《こころ》に叶い、あんなに立派な平和の女神となって、神様の御用のためにお立ちになった。私はまだ改心が足らないと見えて、神様の御用に立てて下さらない。

どうかお祖父さま、お祖母さま、今までの執拗な心をサラリと払い捨てて、惟神の心になって下さい。そうでなければ、私は神様にお仕えすることができません」

このとき、またもや天上から声がした。

「鬼彦、鬼虎よ、汝《なんじ》にも今、天から羽衣を与える。汝の改心した誠の心は天に通じたぞ」

二人は飛び立つばかりに喜び、大地に平伏した。

麗しい羽衣が天から下り、二人の体に密着する。自然に体が浮き上がり、二人は空中を前後左右に飛揚しながら、「平助さま、お楢さま、お節さま、さようなら。お先に参ります」と真名井ケ岳に向かって飛んでいく。

三人は呆然として、黙ってこの光景をじっと見つめていた。

やがて平助が口を開いた。

「アーア、人間というものは訳が分からないものだなア。ワシのような善人は、こうして山の上で寒い風に曝されて、娘は痩せ衰え、親子三人ようやくここまで来ることができたのに、五人の悪人どもはどうだ。あんな立派な衣装を天から与えられて羽化登仙《うかとうせん》し、(注9)自由自在の身になった。神様もあんまりだ。あんな男が天人になれるのなら、ワシたち親子三人も立派な天人にして下さってもよさそうじゃないか」

お楢は答える。

「オヤジどん、何事も神様の思し召し《おぼしめ》通りにしかいかないよ。人間の目から見て悪に見えても善の身魂もあり、人間が勝手に善だと思ってうぬぼれていると、いつの間にやら邪道に落ちて苦しむこともある。

去年、お節を奪われてから二人が泣きの涙に暮らしたのも、若いときから欲ばかり出して金を貯め、人を泣かしてきたその報いで金を持っていかれ、一年もの間、泣いて暮らしたんだよ。今までのことを胸に手を当てて考えてみれば、人の体こそ殺さないけど、ずいぶん無慈悲なことをして、どんなに人の心を殺してきたことか……。

オヤジどん、お前も若いうちから『鬼の平助』、『渋柿の平助』と呼ばれて来たのだから、こんな憂き目に遭うのは当たり前だろ。親の罰が子に報いて、可愛いお節が一年もの間、こんな目に遭ったのだよ。誰を恨むこともない。みな自分の罪障が報われて来たのだ。アンアンアン」と泣きじゃくる。

「ワシが常日頃から食う物も食わず、欲ばって金を貯めたのも、みなお節が可愛いからだ。どうにかしてお節を一生楽に暮らさせてやりたいと思ってやったのだ。そりゃ、少しぐらいは無慈悲なこともやって来たが……だからと言って、別に俺が旨いものを食ったわけでもないし、身欲《みよく》（我欲）ということは一つもしていないはずだ」

「それでもオヤジどん、やっぱり身欲になるのでしょう。他人の子にはつらく当たり、団子一切れやるのでもなし、何もかもお節、お節と身びいきばかりしていたから、天罰で一年の苦しみを受けたのでしょう。そこで神様がこの通り、善と悪との鑑《かがみ》を見せて下さいました。

これからは綺麗サッパリ心を入れ替えて下さい。婆もただ今限り改心します。親の甘茶が毒になって、お節の体もあまり丈夫ではありません。この子をこの世に遺してあの世へ行くときに、心残りがあっては行くところにも行けません。今のうちに改心して、お節の体が丈夫になるように真名井の神様に心から誓いをして来ましょう」

三人は雪道をポツポツと、真名井ケ原に向かってまた歩き始めた。

ちなみに、鬼彦、鬼虎たち五人が羽化登仙したのは、肉体では徹底的な改心ができず、また神業に参加する資格も無いため、神界のお慈悲により、凍死して国替《くにがえ》（死んで霊界に帰ること）させ、天国に救って神業に参加させたのである。五人の肉体は神のお慈悲によって、平助親子が知らないうちに、ある土の中に深く埋められていた。

前夜にお節を送ってきた悦子姫、そしてそのニセお節は、実は三五教を守護する鬼武彦の部下の白狐の化身であった。お節を隠していた岩窟への入口の扉は、鬼彦、鬼虎しか開けることができなかったため、鬼武彦の作戦で二人を引き寄せて、お節を救出させたのである。

途中で五人の男を裸にしたおコンもまた、鬼武彦の部下の白狐の化身であった。

（注7）大江山……同じ「大江山」でも「おおえやま」と読む場合には、バラモン教の鬼雲彦がアジトを構える山となるが、「たいこうざん」と読む場合には三五教の鬼武彦が守る山となる。鬼武彦は『超訳1』の常世会議の項（131頁〜）で出てきたが、白狐の神で、部下の白狐をたくさん連れており、幻術を使って変身したり幻覚を見せたりして、悪のたくらみを破ったり、三五教の信者を救済したりして活躍する。

（注8）身魂の借銭済《しゃくせんな》し……借銭とは借金のこと。身魂の借金を返済する、つまり前世より巡り来たる業《ごう》（カルマ）を解消するという意味。大本神諭に出てくるフレーズ。

（注9）　羽化登仙……中国の古い信仰で、人間に羽が生えて仙人となって天に登ること。（『広辞苑』より）

とても深遠微妙な物語である。

行為のうえから見たら、たとえ改心したとは言え、鬼彦・鬼虎は大悪人だ。金を奪い人を誘拐するだなんて、極刑に値する。悪いのは100％鬼彦・鬼虎であって、平助親子三人は全く悪くない。

現代社会では、平助たちのように悪人を憎むことは当たり前のように思われているが、それは一種の執着心であり、神の目から見たら「憎む」こと自体が悪である。人を憎む人というのは、憎悪の世界に住んでいるのであって、それは天ではなく地獄だろう。

「憎む」という心理は、心を傷つけられたことに対する防衛反応ではないだろうか？　攻撃から自分を守るためだけの「憎む」、つまり専守防衛・正当防衛ならばまだいいかも知れない。攻撃が止めば憎むこともなくなるからだ。しかしその心の傷から悪魔というバイ菌が入り込み心を蝕んでいく。そして過剰防衛・侵略へと発展していくのである。

平助親子は鬼彦・鬼虎からの攻撃が止み、彼らが謝罪をしても、憎むことを止めなかった。

それどころか逆に攻撃的になっていく。途中で憎むことを止めて彼らの罪を赦したときもあったが、可愛いお節（本物のお節）が戻って来たら、再び憎悪という執着心が蒸し返してきて、彼らを蔑視し、二人が崖から転落したときには「ざまあみろ」と言わんばかりに悪口を吐いた。

これは悪霊である副守護神によって肉体が乗っ取られている状態である。鬼彦・鬼虎の惨い犯罪によって傷つけられたトラウマが癒されておらず、その傷口が痛み出したのだろう。

しかし、平助のトラウマは誘拐強盗事件によって初めてできたのではなく、それ以前からあったようだ。ラストシーンの平助とお楢の会話に出てくるが、平助は昔から欲が深くて、人の心を殺すようなことをしてきた。その天罰が当たってつらい目に遭ったのだとお楢は言う。

もちろんそれは宗教的な見解であって、法律上は鬼彦・鬼虎の二人が１００％悪いのは言うまでもない。

仮にお楢が言うように、欲深いことがこの凶悪事件を引き寄せたのだとしても、その欲深いということにも何か原因があるはずだ。

たとえば幼少期にとても貧しくて苦しい思いをしてきたので、それがトラウマとなり、娘（実際には孫娘）には苦労をさせたくないと願って、それで溺愛したのかも知れない。娘を溺愛するあまりに、他の子どもにはつらく当たったのかも知れない。

人は誰でも何かしら心にトラウマを抱えて生きている。傷口は見たくないが、しかししっかりと自分の心の傷を見つめ、傷ついた自分を癒さなくては、平助のように二次被害を生むことになるだろう。

なお、この丹波の平助一家の物語はマンガにもなっている。私が脚本を書かせていただいた『霊界物語コミックス②雪山幽谷《せつざんゆうこく》』（出口孝樹監修、漫画集団じゅげむ作画、愛善世界社刊）だ。解説も入っている。また、同シリーズの『①深遠微妙《しんえんびみょう》』は霊界物語のナンバーワン悪役の高姫が沓島《くつじま》・冠島《かんむりじま》の宝玉を略奪する物語で、高姫の濃厚なキャラがよく分かる。

霊界物語はもともと王仁三郎が霊眼で目撃したビジュアルな物語である。だからマンガにすると、とても生き生きとしてくる。二冊とも面白いのでぜひ読んでいただきたい。

コラム

本守護神、正守護神、副守護神

一人の人間の肉体には三人の守護神がついている。本守護神（本霊）、正守護神（善霊）、副守護神（悪霊）だ。

本守護神は人間の霊魂の本体である。それは天人になる存在であり、その修行のために肉体を持って現界に生まれて来ている。人間の肉体は天人の養成所である。つまり私たちの霊魂はみな天人になれる素質を持っているのである。

正守護神は人間を善に導く霊。副守護神は悪に導く霊。人間はこの善と悪との間で常に揺れ動いている。

副守護神というのは、物質的・肉体的な欲望のみに向かって動いていく精霊である。肉体の欲望は肉体を保護するために必要だ。たとえば食欲と性欲は生物の二大本能だが、この二つの欲望がなかったら人類は亡んでしまう。

しかし、この欲を満たすことだけが人生の楽しみだったらどうだろうか？　獣とあまり変わりがない。そして自分の欲を満たすために他人を排除するようなことをしたらどうだろうか？

そういう世界が「利己主義《われよし》・弱肉強食《つよいものがち》の獣の世」と大本神諭で非難されている。つまり、今の世界は副守護神によって肉体が支配されてしまっているのだ。これが正守護神に導かれ、人間の本体である本守護神が天界に所属する人が増えてきたら、それがみろくの世だ。［47巻7章「酔の八衢」、同12章「天界行」、48巻1章「聖言」、52巻1章「真と偽」］

ところで副守護神は単に「副守」とか「副守先生」と霊界物語で呼ばれているが、悪のほうに引っ張るクセに「守護神」と呼んだり「先生」と呼んだりするのはちょっとおかしいと思うだろう。そのワケはこうだ。

副守護神と言えば正守護神を補佐する神霊のように聞こえますが、その実は国家社会及び人生に妨害を加えるために、人の身魂の虚に乗じて、本・正守護神を押し込め、自由行動を為す、邪神妖魅の別名であります。

神の道であれば正直に邪神なら邪神と呼べばいいのに、不可解な副守護神などと呼ぶ必要はあるまいという人もありますが、一応もっとも至極の説であります。

しかし日本神国は言霊の幸《さちわ》い助ける天照国《あまてるくに》であるから、徹頭徹尾、善言美詞《ぜんげんびし》を用うべき国柄であるから、悪鬼邪神といえども、みだりに軽蔑せず、名を善美に呼んで、その邪神を改心させるためであります。
天照大神の神勅にも「言向《ことむ》け和《やわ》せ」とあり、また神直日《かんなおひ》、大直日《おおなおひ》に見直し聞き直し詔り直すのが、神国の風儀であるから、大本にては神慮を奉体して悪鬼邪神と称えず、敬称を用うる次第であります。感謝祈願《みやび》の辞《ことば》にも、「善言美辞の神嘉言《かむよごと》を以て神々を和《なご》め天地《あめつち》に代るの功績《いさおし》を永遠無窮《ときはにかきは》に立て」云々とあるのも、この理由に基いておるのであります。

〔『出口王仁三郎全集　第5巻』「随筆（四）」290頁〕

要は、悪霊を言向け和すために副守先生と呼ぶわけだ。

たしかに刑務所の囚人だって番号で呼ばれるのではなく、名前で「さん」付けで呼ばれたほうが人間としての尊厳を感じるだろう。

副守護神が改心して天人となるシーンも霊界物語に出てくる。いかなる悪も言向け和してしまうのが真の神の力なのだ。

付録　宣伝使の心得

本書の最後に、宣伝使の心得となる王仁三郎の言葉を収録しておく。

これは大本教学院編『宣伝使の心得』（昭和二十七年八月五日、天声社刊）の中の第六章「おことば集」の中から一部（全体の約3割）を抜粋したものである。大正八年（一九一九）から昭和七年（一九三二）にかけての、主に宣伝使会合の席上での王仁三郎の発言が収録されている。全文は著者が運営するサイト「王仁三郎ドット・ジェイピー」（オニド）で読むことができる。

社会でも衆を抜く技量が要る

天下修斎の大神業に、参加する身魂となるべき人は、苦労をよろこんでする人でなくてはならぬ。また万事に、心配り、気配りを為し、深甚の注意を払って現社会の俗事人業にも衆を抜くだけの技量が必要である。

大抵の人は、神に奉仕すると、すべて気楽になり易い。棚ボタ式になる身魂が多いようである。こんな間違った考えで、どうして神界の大事業に奉仕することが出来ようか。

偏ってはいかぬ

あまり信仰が硬くなってしまうと、融通が利かなくなって、こうしたらお仕組《しぐみ》の邪魔になりはせんか、ああしたら神様の御気勘に適わないのではないかと、少しも荒魂《あらみたま》の働きが働かなくなっている人があります。そんなことでは、とうてい世の中の仕事は出来ないのであります。それでは荒魂を振るい起こすどころか、荒魂が全然縮まってなくなってしまっているのです。神様のお道は惟神《かんながら》の道で自由自在であります。信仰はあまり偏ってはいけない。立派な役員さんがこうしたら神様の御気勘にかなわんのではないだろうか、どうしたらよいでしょうと聞きに来る人がありますが、そんなことではしょうがありません。

教祖様（出口ナオ）は厳《いづ》の御魂《みたま》、経《たて》のお役で信仰は硬い方ですから、例えば冬の寒い日に役員が火鉢を持って来ても、神様に対して勿体ない、神様は夜昼暑さ寒さのわかちもなく、御苦労をなさっておられるのに、火鉢にあたるなどということは誠に勿体ないと考えられ、決して火鉢にもあたられなかったのであります。

ところが私は瑞《みづ》の御魂で緯《よこ》のお役ですから考え方が違うのです。なるほど火鉢にあたるなどということは誠に神様に対して勿体ない。が、折角役員が持って来てくれた火鉢にあたらず、そのまま火を絶やしてしまうのは、これもかえって勿体ない、これはあたった方が勿体なくないと、こう考えるのであります。つまり教祖様と私とは、それだけの相違があるのであります。信仰はあまり硬くなってしまってはいけない、自由自在の中に自ら統一がなければならないのです。無暗に偏って頑固になり、脱線的言行をして立派な信仰が出来たつもりでいたりするなどは間違っています。神様のお道は何もそんなにむつかしく考えるには及ばないのであります。

気宇を大きく

……人間は人間の食べ物、獣は獣、虫類は虫類と、それぞれ相応した食物があるごとく、天国には幾千とも数知れぬ団体と階段がある。信仰団体もそれと同じく、移写されて多数の宗教があるので、霊魂の餌食である宗教にも、相応していろいろと種類があるのであるから、天理教を信仰する人であったら天理教の天国に行けるのである。

しかし何を信じても食い足らぬ人は、より以上徹底した教えを求めるものである。大本に寄っている人は、どの既成宗教にも飽き足らない、満足出来ない人々であるから、他の宗教の信者に比較して智慧証覚の度の優れている人々で、いわゆる手に合わぬ人達であります。……だから大本の統一は難しいのである。一歩進んでいる人達の集まりであるから、統一の難しいのもむしろ当然であります。

右のような次第であるから、他の教えを信仰し、それで満足している人であったら、無理に大本に引き入れなくてもよい。そういう人に出合った時は、その人の信ずる教えのよい点のみを挙げて生命を与えたらよいのである。祝詞の「善言美詞《みやび》の神嘉言《かむよごと》を以て、神人《かみがみ》をなごめ」でやったらよいのである。

右のような態度をとるときは、既成宗教に飽き足らない人は、入るなと言っても入信したくなってくるものである。

すべて如何なる宗教であろうとも、世を利し、人を益し、天国を建設するをもって目的とせないものはないのであるから、その美点のみを調べて、その点を褒めるようにするのである。

今後大本は世界の道義的の立替立直しをやらねばならぬ。ついてはすべてを包容し、神は一切をもってわが愛児とみそなわしたもう、その大きな気宇を持って、あまねく世人に接し、同信者間においては人の非を言わず、もしも悪い所のあった場合は直接に注意し合って、大同団結して神業に奉仕してほしいものであります。

宣伝上の心得

一、傲慢の態度があってはならぬ。常に相手の味方となりて、よく相手の談《はなし》を受け容れるだけの浩量を持たねばならぬ。

一、信仰に入らざりし時を省みて、自分も以前はこの通りであったと相手に同情の念がなければならぬ。

一、学者には学者、無学者には無学者と、相手の地位職業に応じて、自分もその地位職業にある心で応対せねばならぬ。

一、劈頭《へきとう》（最初の意）から相手の説を攻撃してはならぬ。またみだりに人の批評や他宗教を批難してはならぬ、念仏もお題目もアーメンも、皆それぞれ相応の天国に上る言霊である。

一、仏教や耶蘇教信者などの家に行った時、またこれらの葬式等に列した場合は、その式に応じてお祈りをするがよい。

一、自分に偉く思わしめんがため、私は未熟でわかりませぬが神書にはこう示してあります、と正直な心で居れば、神徳をけがすこともなく、また神様の御加護があって適当な応答が出来るものである。

一、親とか夫とか兄とか師とか目上の人に対しては、説教するような宣伝の仕方はかえって悪い、むしろ教えてもらうような態度に出ねばならぬ。多くの場合、言葉の宣伝よりも、行為の上に現われた誠のやり方が一番よいのである。

一、個人宣伝すなわち相手と膝つき合わしての取次が一番効果がある。もし大勢に向かって取次する場合には、その中で一番わかりにくいと思う人、たとえば無学の老人や小児にわかるよう、ひらたく話すことが必要である。

一、拍手喝采式の大向こうを賑わすような演説屋のやり方は、仇花《あだばな》の一時に開くようなもので、実りは至って少ないものである。

一、宣伝使は和魂《にぎみたま》の助けによりて常に婦女子のごとく従順であれ、そして荒魂《あらみたま》のはたらきによりて猛虎のごとく悪魔を撃退せよ。

一、宣伝使は小児に好かれねばならぬ、小児の心は神様の御心そのままであるからである。

一、信徒は誰でもそうあらねばならぬが、殊に宣伝使となったものは、常住坐臥《じょうじゅうざが》いつも宣伝使たるの心得を忘れてはならぬ。宣伝使として神徳をけがすような言行があれば、その罪は他の人よりもはるかに重いものである。

一、肝腎なお道をさておいて、これは秘密だとか自分ひとり聞いて居るとか、偉そうに言うたり、また明かに予言めいたことを言いふらして人心を動揺さすのは慎まねばならぬ。

一、天の賊とならぬよう戒めねばならぬ。神示を我もの顔してエラそうに説き、御神徳を自分の力の致すところとほこるものは、天の賊であって、その罪最も大なるものである。

一、宣伝使にとりて一番肝要なことは、神様の御加護（神格内流）を頂かねばならぬことである。それには、

我を出さず常に従順なるべきこと。
如何なる場合にも神力を疑うたり敵を恐れたりしてはならぬこと。
手柄はことごとく神様に帰し、過失はみな我に在ることを覚悟すべきこと。
常に神書を拝読して居ること。

等であって、かかる人には常に諸天使の御守護（間接内流）があって、言わしめ、行わしめられるから、如何なる場合にもひけを取ることはないものである。

依頼心は禁物

宣伝使が宣伝の旅に上ったら、分所・支部や信者を頼るな。また金に頼るな。まして宣伝使になれば必ずエンゼルがつけてある。縁故や知己・親類を頼ったら、依頼心が起こって、それ

だけ神様がお蔭《かげ》を下さらない。また知己・縁故・朋友は心やすだてらに、頭から侮《あなど》って聞いてくれない。本当のことを言えば一円の銭《かね》も持たないで行ったが良い。

宣伝使は媒介天人

神様の道に限らず世の中のことは一切、顕幽一致して居るのであります。霊界には霊国と天国とがあって、主神は霊国では月の大神と現われ、天国では日の大神と現われ給い、そして霊国は主として信真の光、天国では主として愛善の徳から成り立って居るのであります。……霊界の天国は神を信じて居った人（信者）の精霊、すなわち普通の天人の居る所であり、霊界の霊国はエンゼル（天使）の居る所である。

このエンゼルというのは一名「媒介天人」と言って、あちらの団体からこちらの団体に、あるいは上の団体から下の団体に往来して団体相互の連絡をはかり、そして神様の徳をすべての天人に伝えるという重き使命を有するのであります。

天人にもいろいろと階級があって百八十一段もあり、それで向上することばかりを天人は考えており、それを楽しみとして居ります。エンゼルは天国ばかりでなく中有界《ちゅううかい》、地獄までも下りて、種々救済に努むるものであります。

宣伝のコツ

宣伝使は人間の顔色が見えぬようでは駄目です。宣伝使だからといって、誰も彼もつかまえて言いさえすれば、誰でも信仰すると思って居ると失敗する。

私は信仰の無い人に対して宣伝するに、年に三遍ぐらいその人の家に行って、十五年目に初めて手を合わさした人もあった。神に従うことの早い人と遅い人、神に近い人と遠い人とがある。そういう人を早く入れてやろうと思えば思うほど、向こうが遠ざかってしまう。そういうところをよく考えてみなければならない。

今までの宗教家は汽車の中だろうが大道だろうが、人さえ見れば教義を説いたけれども、あまり面白くはないようです。人間でも尊い人に対し、汽車の中で出逢ったのを幸いとして、ついでに話すというようなことは失礼なことである。本当の神様のことはおさまったところで話しをせねば聴くものではない。汽車の中では新聞や何かを参考として与えることは良いけれども、そこで教理を説くというようなことは神様の方では禁物なのです。

……公会堂で宣伝すれば演説会のような気分になり、劇場でやれば聴衆はただぞめくことばかりを考えている。どうしても神様の前か神社か、そういうところでなければいけない。神様の話は時所位、すなわち時と所と位置を考えねばならぬ。四辻に立って、太鼓を叩いて車輪に活動しても、その割に悪口言われるだけで実を結んだことはない。人家の奥座敷に座ってうやうやしく説いたことは、神様の御守護があるけれども、道ばたに立ってやったり、あるいは公会堂でやったりしても少しも効験がない。要するに宣伝の場所が相応しないから聴かないのである。相応のない場所において、何ほど教理を立派に説いても何にもならない。ようしゃべる人とか、弁のよい人だというくらいなものである。

しゃべるのは下手でも、誠と熱心さえあったら、それで宣伝使はよい。

真の宣伝使

今までの既成宗教はすべてこれに教正とか教師とか講義とかいろいろの名をつけて居りますが、すべてこの世の中の教えというものは――学校で教えて居るのは教育であり、人間の持って生まれた慣性を真直な方に育てていく、これが教育である――しかし「教」ということは今日の人間の知識をもってして知るべからざることを、あるいは天啓により、神示によりて教うるということが初めて「教」の字の意になって来るのであります。

この宗教といい、教えというて居るのも、その祖師が天啓を受け、神の教えを受けて、世の中へそれを伝達したものであります。それで大本の方では教師という言葉は――人間の分際として、人間が人間に教えるということは出来ない——非常に僭越なように感じるので、神様の教えを伝達する、つまり宣り伝えるお取次《とりつぎ》、即ち宣伝使と呼んでいます。

自分の心で、自分の勝手に教えるのでなくして、一定の神様から教えられた、神様の規定されたその御旨を人に伝える——祝詞の中にも「宣伝使《おしえつかさ》が教の業《わざ》に己《おの》が向々《むきむき》有らしめず」とあり、己が向々ということは、自分が自分勝手のことを教えるのであります——この大本の宣伝使は宣り伝える、神様の教えばかりを伝えるのであるから、自分の我意は少しも用いられません。それが為に教師とか教導師という名はなくして「宣伝使」という宣り伝える使と、師匠の「師」でなくして「使《つかい》」という名がついたのであります。

「改心」という語

「改心」という言葉は甚だしく相手方に侮辱を感ぜしめ、不快を覚えしめる。みだりに言うべき言葉ではない。お筆先（大本神諭）の「改心」なる辞句は「改信」「開信」……なる意味と思い、この言葉で言うがよかろう。

宗教は酒の如し

宣伝使の中にもいろいろ千言万語を費して名論、卓説を吐く人が沢山あるが、しかしその行いということ——実地に活動せないならば、これは偽りになる。黙って居ても、実地に活動して神の道を伝えることが出来る。それで「沈黙は雄弁に優る」という言葉もあって、沈黙して、そして行いをもって見せて行くのが一番に宣伝の効果が挙がる。本当に誠が通って行くのである。……

すべて宗教というものは酒のようなものである。「宗教は阿片なり」と言うた人もあるけれども、これは宗教の形体をそなえて実際の宗教でないものを指した言葉であろうと思う。本当の宗教は酒のようなものである。酒の嫌いな人はこれを見ても嫌なのである。また好きな人は無茶苦茶に好きである。酒を飲んでもめいめいに味が違うのである。

飲んで喜んで笑う人と、怒る人と泣く人と、それから乱暴する人がある。人と喧嘩して、警察の厄介にならねばならぬ人も出来てくる。同じ一つの酒であっても、その人々によって皆その結果が違うて来る如く、同じ大本の道でもその人によって、お筆先にある通り、「身魂《みたま》の因縁だけよりとれない」ものである。

身魂相応よりとれぬのであるから、一般の人に向かって「こういう教えである」「こういうものだ」と言うて大本を説いたところでわからぬ人もある。わかる人もある。それで大本というものは一体どういうものであるか、どういう真理があるかと尋ねられたところで、これは説くことが出来ない。たとえて言えば、牡丹餅はどんな味がするか、それを説明せよというのと同じことである。食べてみねばわからぬ。うまければうまいと言うよりほかはない。それと同じように大本はいい教えであるというよりほかに道はない。牡丹餅も七ツ、八ツぐらい食う人もある。一ツでいやになる人もある。それで人間の言葉で説明が出来るような教えであったならば、真の宗教ではないのである。神の教えというものはとくにとかれず、ゆうにゆわれず、ハゲ頭のようなものである。

・・・

お筆先（大本神諭）に「神が表に現われたら一切のことを暴露する」と書いてある。ツラの皮をひんむいてしまう、そして改心させるとある。大本は尖端を行くのであるから、私は昔からの古キズを『真如の光』（当時発行していた機関誌）誌上に暴露して、暴露戦術をやっている。世の中は暴露戦術をこの頃始めて居るけれども、私は早くからやっている。世の中より先んじてやっている。それで、どんな人も私の「真如の光」を読んだならば、どこか心に当たって居るところがあろう。心に当たらなかったならば、これは生きて居る人ではない。

すべての人、特に宣伝使というものは、自分はこんなことをして居ったから恥ずかしいとか、こんなことは言われぬというような、隠すような気があったならば本当に人を導くことが出来ない。私はそう考えて居る。それで私は一般に、一生懸命に大本を信じて来ている人には、私の古キズを発表している。ほかにも世間の人に、外国にまで行く雑誌にも載せている。中にはこんな先生なら信仰はやめてしまう、という人もあるかも知れぬ。その人は偽善者である。……誰でも考えてみたならば、肉体があれば皆そうである。それがために率先してやっている。誰にもそういう考えをもって自分から暴露せねばいけない。昔は人間は神の分霊であり、いわゆる神様の断片であるから、自分の悪い所を人の前に暴露するのは神を恥ずかしめることであると言ったが、今日は、神は時宜によるのであるから、この頃には当てはまっていない。世間で暴露戦術をやっているから、こちらからもやるべきである。それは永遠ではないが、こういう時期が来ているのである。……

・・・

大本はお筆先にある通り、三千世界の改造である。ただ単なる死後の生活を説いたり、あるいは死後の生活を説いて死に対する恐怖心を慰安して、それをもって能事終われりとするものではない。実際の宗教というものは政治、経済、法律あるいは文芸一切のものを包含しているものである。……商売をする時は一生懸命に商売をすればよい。いくらでも利益をとればよい。けれども神の教えを宣伝する時には、慈悲の権化となって人を救わねばならぬ。そして勇猛心を振るい起こさねばならぬ。勇、親、愛、智の四つがなければいけない。

コラム

宣伝使は言霊で言向け和す

「言霊」は一般には「ことだま」と発音するが、王仁三郎は濁らずに「ことたま」と発音している。言霊は「言葉に宿っている不思議な霊威」（『広辞苑』）と思われているようだが、その程度のものではない。言葉に言霊が宿っているのではなく、言霊が物質化したものが言葉だと言ったほうがいいだろう。

言霊はこの宇宙の根本元素である。七十五声《しちじゅうごせい》の言霊によってこの宇宙は創られているのだ。宇宙の始まり（言うなればビッグバン）は霊界物語「天祥地瑞《てんしょうちずい》」編のいちばん最初に書いてある。

〔73巻1章「天之峯火夫の神」〕

――まだ天もなく地もなく宇宙もなかったとき、大虚空中に一点の丶《ほち》が忽然と現われた。この丶は澄みきり澄みきらいつつ次第次第に拡大して、一種の円形をなし、その円形からは湯気よりも煙よりも霧よりももっと微細な神明の気を放射して、円形の圏を描いて丶を包み、初めて⦿《ス》の言霊が生まれた。

この⦿《ス》の言霊こそ、宇宙万有の大根元であり、主の大神の根元大極元である。

⦿《ス》の言霊は晴朗無比にして、澄みきり澄みきらい、スースースースーと四方八方に限りなく、極みなく伸び拡がり、膨れ上がり、ついにスは極度に達してウの言霊を発生した。ウは万有の体《たい》を生み出す根元であり、ウの活動は極まってまた上へ上へと昇り、アの言霊を生んだ。またウは下に降って、ついにオの言霊を生み出した――。

このような感じで⦿《ス》の言霊から始まって、七十五声の言霊が次々と生まれて行ったのだ。

ア行のウエイと、ヤ行エイ・ワ行ウは文字上は同じだが、言霊上は区別される。またンはムの言霊が転訛したものなので言霊には存在しない。

「アオウエイ」を国語学で母音と呼ぶが、王仁三郎の言霊学では「五大父音」と呼び、「カサタナハマヤラワ」を「九大母音」と呼ぶ。

この七十五声の言霊で宇宙が創られているのだが、これは「波動」と考えてもいいだろう。さまざまな波長の波動によって宇宙が成り立っている……と考えたほうが、分かりやすいかも知れない。

七十五声の言霊

アオウエイ
カコクケキ
サソスセシ
タトツテチ
ナノヌネニ
ハホフヘヒ
マモムメミ
ヤヨユエイ
ラロルレリ
ワヲウヱヰ
ガゴグゲギ
ザゾズゼジ
ダドヅデヂ
バボブベビ
パポプペピ

三五教《あなないきょう》の宣伝使は、この言霊を使って世界を言向《ことむ》け和《やわ》して行くのだ。

「……日の出神その他の諸神将卒は、刃に衂《ちぬ》らず、言霊の威力によって、黄泉軍《よもついくさ》を言向け和し、神の守護の下に天教山に向かって凱旋されたり……」〔10巻24章「言向和」〕

「……神は言霊をもって言向け和すのであるから、武器をもって征伐を行ったり、侵略したり、他の国を併呑するような体主霊従的の教えでない。道義的に世界を統一するのだ……」〔12巻22章「一嶋攻撃」〕

宣伝使は悪党に対し、言霊を「発射」して「言霊戦」を展開するのだが、「戦」とは言っても決して機関銃やミサイルを発射して相手を殺すような戦いではない。

言霊の波動で相手を生かす戦いであり、相手の悪い心を改めさせて魂を甦らせる戦いである。

この言霊戦はたいてい「歌」という形で描かれる。和歌（五七五七七）や、七五調の歌（七五、七五で綴られる歌）だ。

現実の世界で歌を歌って悪人が和されることはあまりないかも知れないが、要は良き波動を出して共鳴させる、ということだ。

誰かを改心させようとして、その罪を追求し、批判したり、謝罪を要求したりしても、その人が和されることはない。それどころか逆に、攻撃されたと感じて防御のために凝り固まってしまうことだろう。

人を和すことのできる波動・言霊でなければ、かえって宇宙を汚すだけだ。

しかし王仁三郎言霊学は、難解でなかなか理解できるものではない。宇宙を創っている根本元素なのだから、そんなやさしいものではないのだ。

現在、王仁三郎言霊学の第一人者は、武道和良久《ぶどうわらく》の創始者・前田比良聖《まえだひらまさ》氏であろう。前田氏はもともと空手の達人だ。大山倍達《おおやまますたつ》氏に師事し、極真会館や正道会館で師範を務めた猛者である。

しかしあるとき、戦うことの理由が見えなくなってしまった。そしてもう誰も傷つけたくないと、空手の世界から離れることを決意する。そして大本の武道講師・奥山忠男氏に出会って師事し、平成十二年（二〇〇〇）に、王仁三郎言霊学をもとにした武道「和良久」を創始したのだ。

ところでなぜ「言霊」と「武道」なのだろうか？　奇妙な組み合わせだと思わないか？

前田氏によると――武道というものは本来、単なる「武道」というジャンルのものではなく、「この宇宙を創造した神の力」を追体験するものであり、神と一体となる技なのだそうだ。それはまるで、言霊の真実を具体的に後世に残すために生まれたものだと言ってもよいだろう。

そして、武道とは本来、破壊を目的として生まれたものではなく「国づくり、人づくり」のための、創造の技として生まれたものだ。それが世の乱れに伴い、今日のように破壊の技になり下がってしまった。

人の内なる霊力を「ヌホコ」と言い、その霊力が外に向けて具現化したものを「ツルギ」と言う。しかし人心の荒廃と共に霊力が衰え、つまりヌホコの力が衰え、ツルギを現わせなくなってしまった――。

このツルギを現代に甦らせたのが武道和良久である。

木剱を構える前田比良聖氏

和良久は特殊な木剱《ぼっけん》を用いて稽古をする。佐々木小次郎が残したという、断面が六角形の特殊な木剱（ツルギ）だ。

この木剱を使い、そして人の身体全体を使って七十五声の言霊を顕現させていく。

実は私は二十代の頃から、王仁三郎の膨大な言霊学を解明したいと思っていた。しかし言霊

外柱 soto-bashira				留柱 tome-bashira				
荒魂 ara-mitama (courage)				奇魂 kusi-mitama (wisdom)				
	E 舌(tongue)						I 牙(fang)				
e		外	凝動静静 一				i		外	凝引弛弛 一 || || ||	ne-no-tana
We		外	ウ凝動ウ解静 ○ 一	○ 一		Wi		外	ウ凝引ウ解弛 ○ 一		○ 一			
Ye		外	解弛凝動 一		一		Yi		外	解弛凝引 一		一			
Me		外	分分静静 = =			Mi		外	分分静弛 = =				tuchi-no-tana
Be		外	合動動分静静 ≡		=			Bi		外	合動引分静弛 ≡	|| =	||	
Pe		外	合合動動 ≡ ≡			Pi		外	合合動引 ≡ ≡				
Ze		外	ウウ天静 ○ ○ •		Zi		外	ウウ天弛 ○ ○ •			nakatsu-tana
Se		外	ウ地動ウ天静 ○ •	○ •		Si		外	ウ地引ウ天弛 ○ •		○ •			
He		外	ウウ地動 ○ ○ •		Hi		外	ウウ地引 ○ ○ •			
Ne		外	動動解静 		一		Ni		外	動動解弛 		一			ame-no-tana
Re		外	静凝動動解静 | 一		一		Ri		外	静凝引動解弛 | 一 ||	一 ||	
Te		外	静静凝動 		一		Ti		外	静静凝引 		一			
De		外	引引解静 || || 一		Di		外	引引解弛 || || 一 ||	takama-no-tana
Ge		外	弛凝動引解静 || 一	|| 一		Gi		外	弛凝引引解弛 || 一 || || 一 ||	
Ke		外	弛弛凝動 || || 一		Ki		外	弛弛凝引 || || 一 ||	
外 soto-mawari (anti clockwise)								

天 (ten)
universe

地 (chi)
earth

凝 (gyo)
解 (kai)

分 (bun)
合 (gou)

動 (dou)
静 (sei)

引 (in)
弛 (chi)

ウ (u)

重 (jyu)
down stroke

中 (chu)
continuous
-stroke

軽 (kei)
upper stroke

和良久で用いている「天《あま》津《つ》宮言《みやこと》」の図

天津宮言 AMATSU－MIYAKOTO

amatsu-kanagi → amatsu-sugaso → amatsu-norito

<table>
<tr><td colspan="3" rowspan="3"></td><td>柱</td><td colspan="4">初柱 hatsu-bashira</td><td colspan="4">内柱 uchi-bashira</td><td colspan="4">中柱 naka-bashira</td></tr>
<tr><td>魂</td><td colspan="4">幸魂 sachi-mitama (love)</td><td colspan="4">和魂 nigi-mitama (harmony)</td><td colspan="4">直霊 naohi (reflect)</td></tr>
<tr><td>韻</td><td colspan="4">一 A 喉(throat)</td><td colspan="4">二 O 唇(lips)</td><td colspan="4">○ U 歯(tooth)</td></tr>
<tr><td rowspan="6">右 (right)</td><td rowspan="3">sachi-mitama</td><td rowspan="3">一 A 喉</td><td>重</td><td>a</td><td>—</td><td>内</td><td>凝凝解解
— — — —</td><td>o</td><td>二</td><td>内</td><td>凝分合合
— = = =</td><td>u</td><td>○</td><td>外</td><td>凝ウウウ
— ○ ○ ○</td></tr>
<tr><td>中</td><td>Wa</td><td></td><td>内</td><td>ウ凝凝ウ解解
○ — — ○ — —</td><td>Wo</td><td></td><td>内</td><td>ウ凝分ウ解合
○ — = ○ — =</td><td>Wu</td><td></td><td>外</td><td>ウ凝ウウ解ウ
○ — ○ ○ — ○</td></tr>
<tr><td>軽</td><td>Ya</td><td></td><td>内</td><td>解弛凝凝
— || — —</td><td>Yo</td><td></td><td>内</td><td>解弛凝分
— || — =</td><td>Yu</td><td></td><td>外</td><td>解弛凝ウ
— || — ○</td></tr>
<tr><td rowspan="3">nigi-mitama</td><td rowspan="3">二 O 唇</td><td>重</td><td>Ma</td><td></td><td>内</td><td>分分静解
= = | —</td><td>Mo</td><td></td><td>内</td><td>分分静合
= = | =</td><td>Mu</td><td></td><td>外</td><td>分分静ウ
= = | ○</td></tr>
<tr><td>中</td><td>Ba</td><td></td><td>内</td><td>合動凝分静解
= | — = | —</td><td>Bo</td><td></td><td>内</td><td>合動分分静合
= | = = | =</td><td>Bu</td><td></td><td>外</td><td>合動ウ分静ウ
= | ○ = | ○</td></tr>
<tr><td>軽</td><td>Pa</td><td></td><td>内</td><td>合合動凝
= = | —</td><td>Po</td><td></td><td>内</td><td>合合動分
= = | =</td><td>Pu</td><td></td><td>外</td><td>合合動ウ
= = | ○</td></tr>
<tr><td rowspan="3">正中 (both)</td><td rowspan="3">naohi-no-mitama</td><td rowspan="3">○ U 歯</td><td>重</td><td>Za</td><td></td><td>内</td><td>ウウ天解
○ ○ ・ —</td><td>Zo</td><td></td><td>内</td><td>ウウ天合
○ ○ ・ =</td><td>Zu</td><td></td><td>外</td><td>ウウ天ウ
○ ○ ・ ○</td></tr>
<tr><td>中</td><td>Sa</td><td></td><td>内</td><td>ウ地凝ウ天解
○ ・ — ○ ・ —</td><td>So</td><td></td><td>内</td><td>ウ地分ウ天合
○ ・ = ○ ・ =</td><td>Su</td><td></td><td>十</td><td>天 地
・ ・</td></tr>
<tr><td>軽</td><td>Ha</td><td></td><td>内</td><td>ウウ地凝
○ ○ ・ —</td><td>Ho</td><td></td><td>内</td><td>ウウ地分
○ ○ ・ =</td><td>Hu</td><td></td><td>内</td><td>ウウ地ウ
○ ○ ・ ○</td></tr>
<tr><td rowspan="6">左 (left)</td><td rowspan="3">ara-mitama</td><td rowspan="3">| E 舌</td><td>重</td><td>Na</td><td></td><td>内</td><td>動動解解
| | — —</td><td>No</td><td></td><td>内</td><td>動動解合
| | — =</td><td>Nu</td><td></td><td>内</td><td>動動解ウ
| | — ○</td></tr>
<tr><td>中</td><td>Ra</td><td></td><td>内</td><td>静凝凝動解解
| — — | — —</td><td>Ro</td><td></td><td>内</td><td>静凝分動解合
| — = | — =</td><td>Ru</td><td></td><td>内</td><td>静凝ウ動解ウ
| — ○ | — ○</td></tr>
<tr><td>軽</td><td>Ta</td><td></td><td>内</td><td>静静凝凝
| | — —</td><td>To</td><td></td><td>内</td><td>静静凝分
| | — =</td><td>Tu</td><td></td><td>内</td><td>静静凝ウ
| | — ○</td></tr>
<tr><td rowspan="3">kushi-mitama</td><td rowspan="3">|| I 牙</td><td>重</td><td>Da</td><td></td><td>内</td><td>引引解解
|| || — —</td><td>Do</td><td></td><td>内</td><td>引引解合
|| || — =</td><td>Du</td><td></td><td>内</td><td>引引解ウ
|| || — ○</td></tr>
<tr><td>中</td><td>Ga</td><td></td><td>内</td><td>弛凝凝引解解
|| — — || — —</td><td>Go</td><td></td><td>内</td><td>弛凝分引解合
|| — = || — =</td><td>Gu</td><td></td><td>内</td><td>弛凝ウ引解ウ
|| — ○ || — ○</td></tr>
<tr><td>軽</td><td>Ka</td><td></td><td>内</td><td>弛弛凝凝
|| || — —</td><td>Ko</td><td></td><td>内</td><td>弛弛凝分
|| || — =</td><td>Ku</td><td></td><td>内</td><td>弛弛凝ウ
|| || — ○</td></tr>
<tr><td colspan="3"></td><td colspan="9">内 uchi-mawari (clockwise)</td><td colspan="4">天中道(center)</td></tr>
</table>

はデスクワークで理解できるようなものではなかった。

言霊とはこの大宇宙を創っている根本元素である。小宇宙である人間の体を使って初めてその姿が見えてくるのだ。

武道家の前田氏だからこそ、それができたのである。そういう御用を神様から授かったのだろう。

和良久は「戦わない武道」であり、世界の人と人との和合を生み出すためのものだという。まさに「言向け和す」武道である。

あとがき

出口王仁三郎《でぐちおにさぶろう》は日本でいちばん多く短歌（和歌）を詠んだ歌人である。生涯で詠んだ歌は数十万首にものぼり、文献に残っている歌だけでも十数万首あるという。

王仁三郎ファンで歌人の笹公人《ささきみひと》氏は、公刊されている三十冊あまりの王仁三郎の歌集を二年がかりで読破して、三三二八首の歌を選び出し、昨年（二〇一三年）十二月に『王仁三郎歌集』（太陽出版刊）を上梓した。

王仁三郎は短歌界にも多大な貢献をしているのだが、第二次大本事件で弾圧され、国賊・非国民の汚名を着せられたため、短歌界からもその名を抹消されてしまった。

笹氏は、王仁三郎を短歌界で復活させたいという熱い思いで、歌集の編纂に取り組んだのである。

その笹氏が「王仁三郎は森羅万象に恋をした人だ」と語っていた。

『王仁三郎歌集』の「解説」から少し引用してみよう。

王仁三郎は、道歌、相聞歌、自然詠、社会詠、空想の歌、風刺の歌、予言の歌、他ありとあらゆるタイプの歌を残しているが、その根底に流れているのは、対象物への深い愛情である。

動物や自然のみならず一匹の蛆虫にまで、生きとし生けるものすべてに魂や神の働きを認めていた王仁三郎は、この世に存在するすべてのものを愛おしく感じていたに違いない。

［笹公人編『王仁三郎歌集』２４３頁］

そんな王仁三郎はとてもスゴイが、彼の歌を読んでそのように感じ取れる人もまたスゴイ人だ。私のように和歌の素人ではなかなか分からない。和歌の専門家である笹氏だからこそ分かることである。

付録のコラムで紹介した前田比良聖《ひらまさ》氏は言霊《ことたま》を探求し、『超訳1』で紹介したメキキの会会長の出口光氏は一霊四魂を探求している。そして私は霊界物語や、言向《ことむ》け和《やわ》すということを探求している。


王仁三郎のジャンルは幅広いが、それぞれのジャンルごとに、それぞれの専門家がいて、それぞれの役割を果たしている。前田氏や出口光氏は大本の信徒だが、笹氏や私は信徒ではない。信徒であるか否かに関わらず、神はいろんな人を使って経綸を進めていく。

しかし、これらの人たちがある日突然、王仁三郎や霊界物語に目覚めたわけではない。

大勢の先駆者たちがいることを、私たちは忘れてはならない。

王仁三郎はもちろんだが、第二次大本事件の弾圧下で、霊界物語や大本の信仰を守り通してきた人たちがいる。国賊・非国民と罵られ、ひどい暴力を受けても、不屈の信念を貫き通してきた人たちがいるからこそ、私たちは今こうして霊界物語を読むことができるのだ。その時代の人たちは今はもうほとんど国替え（帰幽）されたが、心から感謝の意を表したい。

王仁三郎昇天後の大本は内紛が起きて、一九八〇年代に三つに分裂した。それはとても悲しむべき出来事だったが、しかしそのおかげで、幅が広がった。

それまでは王仁三郎の著作を出版する会社は一つ（天声社）しかなかったが、分裂によってそれぞれのグループから王仁三郎の本が出版されるようになった。出版点数が増え、バリエーションが増えたのだ。

私が霊界物語を電子化して公開したのも、大本がそういう状態になっていたからだ。もし出版社が一つしかなかったら……さすがに法律上は問題がなくても（著者の死後五十年を経過したら著作権は消滅する）、霊界物語の電子化に取り組んでいたかどうかは疑問である。霊界物語はすでにほかの出版社（八幡書店と愛善世界社）からも出ていたので、もう出口家の許可も大本教団の許可も必要ない状態になったんだなと判断して、それで電子化を行う決心をしたのである。

内紛事件は、出口家はもちろん信徒の家族をも三つに分断させる悲惨な戦いであったが、しかしそのことによって、王仁三郎が解放されたのだ。単に大本の教祖様としての王仁三郎だけではなく、いろいろな人がいろいろな角度から自由に王仁三郎を語れるようになった。王仁三郎が自由化されたのである。それによって王仁三郎に興味を持つ人がとても増えていった。王仁三郎が世界に広まったのである。

広まる、というのは、多様化する、ということでもある。

マルチン・ルターの登場によってカトリック教会が分裂しプロテスタントが発生した。それまでは、聖書を読み、解釈することが神父にしか許されなかったのだが、ルターの宗教改革により、「万民祭司」と言って、誰もが自由に聖書を読み解釈することが許されるようになった。キリスト教が世界中に広まったのは、宗教改革によって聖書が自由化されたことが非常に大きいと思う。時代の変化や地域の特性に合わせて新しい教派が誕生し、その時代・その地域を生きる人たちに新しい生命を吹き込んでいったのである。これはどの宗教でも、世界に広がるためには通過するプロセスなのだ。

大本の内紛事件は悲しい事件だった。しかし、それは王仁三郎・霊界物語が世界に広がるための通過儀礼《イニシエーション》だったと言える。産みの苦しみである。そのおかげで多くの王仁三郎ファン（私はそれをオニサブラーと名づけた）が生まれた。

今日の私があるのも、本書がこの世に存在するのもみな、そのおかげである。もし内紛事件がなかったら、私もいないし、この本を読んでいる読者の皆さんもいない。

それぞれの信念を貫き通して来られた出口家、そして信徒の皆さんに、厚くお礼を申し上げる。

そしてさらに溯れば――そもそも大本を開いた出口ナオ開祖のおかげである。『超訳1』で彼女の人生について簡単に触れたが、明治二十五年（一八九二）旧正月に国祖・国常立尊《くにとこたちのみこと》が神懸ったものの、周囲の人から信用してもらえず精神障害だと思われ、身内の人間によって座敷牢に監禁される有様だった。

しかしそんな弾圧にもめげずに、自分に懸かった神を信じ続け、人類へのメッセージを伝え続けた。

まったく一人ぼっちの孤独に耐えて、それをやり続けたからこそ、六年後に上田喜三郎《うえだきさぶろう》（のちの出口王仁三郎）と出会い、その神を世間に認知してもらうことができた。

そして、彼女がそれをやり続けなかったら、上田喜三郎が「出口王仁三郎」になることはなかったのである。

そう考えると、出口ナオの不屈の信念には本当に頭が下がる。そのおかげで今の私がいるのだと思うと、まったく感涙に咽《むせ》ぶ思いだ。

そしてもっと遡ると――一三〇〇年前に古事記が編纂され、「言向け和す」という日本建国の使命が記録されていたことに驚愕せざるを得ない。それが後世に伝えられたからこそ、王仁三郎が、世界を「言向け和す」指南書である霊界物語を書くことができたのである。この今の時代に、世界をみろくの世に変えていくメッセージを伝えることができるのである。

もちろん実際に本を出版するに当たっては、王仁三郎ファンの編集者に出会えたことが大きい。太陽出版の西田和代さんに感謝申し上げる。

このように考えていくと、すべては神様の仕組なんだな……とつくづく感じる。
生命はすべて繋がっている。はるか太古の神代から、はるか未来まで。
それはすべて、みろくの世という、万民和楽の世界を創ることに向かって進んでいる。
本文に書きそびれたが――スサノオが導く霊団・三五教《あなないきょう》の「あななない」とは、「自分の手柄を上へ上へと持っていくことだ」と王仁三郎は言っている。
手柄を自分のものにするのではなく、「何事も神様のおかげ」と感謝することである。
栄光を神に帰す、ということである。
神が目指す素晴らしい世界に感謝し、そしてそれを実現するために貢献していきたい。
皆さん、一緒にみろくの世を創っていこう。

二〇一四年五月吉日

飯塚弘明

【参考文献】

出口王仁三郎『霊界物語』全83冊
出口王仁三郎『月鏡』『水鏡』『玉鏡』
大本七十年史編纂会編『大本七十年史　上・下』（宗教法人大本）
池田昭編『大本史料集成 2』（三一書房）
出口京太郎『巨人 出口王仁三郎』（天声社）
出口榮二『大本教事件』（三一書房）
十和田龍（出口和明）『出口王仁三郎の神の活哲学』（御茶の水書房）

著者紹介

飯塚弘明（いいづか・ひろあき）
オニド（王仁三郎ドット・ジェイピー）代表。
王仁魂復活プロジェクト事務局長。昭和43年（1968）栃木県生まれ。20歳の頃から精神世界に目覚め、23歳の時に出口王仁三郎・霊界物語と出会う。平成15年、インターネット上で活動を開始。ホームページ『王仁三郎ドット・ジェイピー』開設。霊界物語全83冊の電子版を制作して無償で配布。平成19年から、ネットの外に出て、リアルな活動を開始する。イベント開催、マンガ制作、セミナーや勉強会の開催、サウンドドラマの制作、本の著述など。平成24年、「言向け和す」を中心にした活動を始める。

［主な著書］
『超訳 霊界物語 ～出口王仁三郎の「世界を言向け和す」指南書』（太陽出版）『霊界物語入門ガイド～秘められた王仁三郎ワールドの封印を解く』（オニド）等多数。

［主なサイト］
・出口王仁三郎と霊界物語の総合情報サイト
「王仁三郎ドット・ジェイピー」（オニド）
http://onido.onisavulo.jp/
・霊界物語が無料で読める！「霊界物語ネット」（レモン）
http://reikaimonogatari.net/

［連絡先］
oni_do@ybb.ne.jp
郵便物は編集部宛にお送りください。

超訳 **霊界物語2**
出口王仁三郎の「身魂磨き」実践書
一人旅するスサノオの宣伝使たち

2014年8月27日　第1刷

［著者］
飯塚弘明

［発行者］
籠宮良治

［発行所］
太陽出版
東京都文京区本郷4-1-14　〒113-0033
TEL 03-3814-0471　FAX 03-3814-2366
http://www.taiyoshuppan.net/
E-mail info@taiyoshuppan.net

装幀・DTP＝森脇知世
［印刷］株式会社　シナノ パブリッシング プレス
［製本］井上製本

ISBN978-4-88469-815-7

太陽出版 刊行物紹介

超訳 霊界物語
～出口王仁三郎の「世界を言向け和す」指南書～

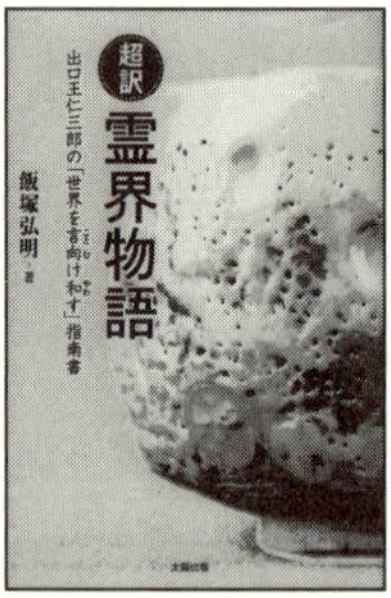

出口王仁三郎が全81巻83冊をわずか13カ月で口述筆記した『霊界物語』。この全文をテキスト化し、インターネットで無料公開した『霊界物語』研究の第一人者が、原文をわかりやすい「超訳」にして、そこに記された「真《まこと》の精神」を読み解く！

飯塚弘明＝著
四六判／ 272頁／本体 1,700円＋税

王仁三郎歌集

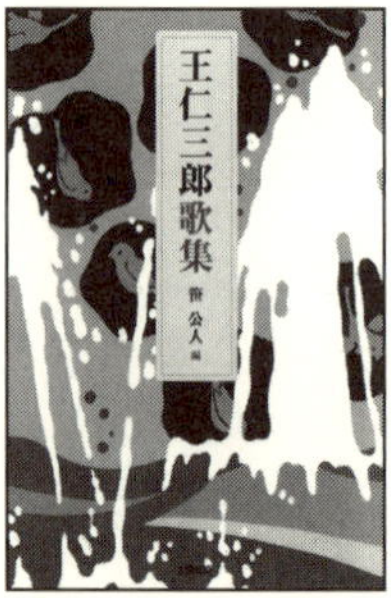

生涯15万首以上もの歌を詠んだといわれる「巨人」出口王仁三郎。その膨大な作品の中から珠玉の328首を精選。前田夕暮、尾上柴舟、尾山篤二郎、前川佐美雄らの王仁三郎評も収録。跋文は岡井隆氏（歌人、未来短歌会発行人）。

出口王仁三郎＝著、笹 公人＝編
四六判／ 272頁／本体 1,800円＋税